Jean Baptiste Morin
Astrologia Gallica

KLASSIKER DER ASTROLOGIE

JEAN BAPTISTE MORIN
DE VILLEFRANCHE

ASTROLOGIA GALLICA

BUCH XXI

*Über die aktiven Determinationen der Himmelskörper
und die passiven Determinationen der sublunaren Welt*

CHIRON VERLAG

Die Deutsche Bibliothek - CIP-Einheitsaufnahme

Morin, Jean-Baptiste:
Astrologia Gallica : Buch XXI: Über die aktiven Determinatio-
nen der Himmelskörper und die passiven Determinationen der
sublunaren Welt/ Jean Baptiste Morin. -
Mössingen : Chiron-Verl., 1997
(Klassiker der Astrologie)

ISBN 925100-26-1

Übertragen von Erich Thaa
Eingeleitet und kommentiert von Reinhardt Stiehle
Umschlag: Walter Schneider
ISBN 3-925100-26-1

Zu beziehen durch den Buchhandel oder direkt beim
Chiron Verlag, Postfach 1131, D-72109 Mössingen
e-mail: chironverlag@compuserve.com

INHALT

8

Einleitung

Es ist eine Ironie des Schicksals, daß in der Astrologie heute sehr wenig über das Leben und Werk jenes Mannes bekannt ist, der ihre Deutungsgrundlagen ganz entscheidend und nachhaltig geprägt hat. Die Rede ist von Jean Baptiste Morin, der am 23. Februar 1583 in Villefranche geboren wurde und 1656 starb. Er studierte in Aix und in Avignon, wo er 1615 den medizinischen Doktorgrad erwarb. Für 15 Jahre übte er den Beruf des Arztes aus, ohne dabei wirklich glücklich zu sein.

Jean Baptiste Morin wurde von dem schottischen Alchimisten und Astrologen William Davison in die Astrologie eingeführt. Er prophezeite, daß der Bischof von Boulogne im Jahre 1617 ins Gefängnis kommen würde. Nachdem diese Vorhersage in Erfüllung gegangen war, wuchs Morins Ruf als Astrologe. Höfische Kreise konsultierten ihn und er stand in besonderer Gunst bei Königin Maria von Frankreich, bei Königin Christine von Schweden sowie den Kardinälen Richelieu und Mazarin. Es ist nicht erwiesen, ob er je im Dienste Richelieus stand, obwohl stark zu vermuten ist, daß Morin von ihm konsultiert wurde. Um so mehr verwundert es, daß Morin an vielen Stellen seine Abneigung gegen Richelieu durchblicken läßt.

Im Jahre 1630 wurde Morin als Professor der Mathematik an das Collège de France berufen. Mehrere Monarchen hatten einen Preis ausgeschrieben für die Entwicklung der besten Methode zur Berechnung der geographischen Länge. Morin präsentierte seine Arbeit am 30. März 1634 vor einem Auditorium von 300 Personen. Nach mehrstündigen Beratungen wurde seine Arbeit gebilligt. Zehn Tage später bestellte Richelieu fünf der acht Juroren zu sich und ließ sie ihre Entscheidung widerrufen. Nach der Veröffentlichung des Werkes im Juli 1634 bemühte Morin sich um Referenzen. Die Korrespondenz mit berühmten Astronomen aus ganz Europa, die die Richtigkeit seiner Arbeit bestätigten, veröffentlichte er 1636, was

Richelieu aber in keiner Weise zu einer Revision seines Urteils bewegte. Erst drei Jahre nach dem Tod von Richelieu widerfuhr Morin Gerechtigkeit. Er schrieb einen Bericht über den Vorfall und man bewilligte ihm eine Jahresrente.

Morin war ein Streithahn. Er machte sich nicht nur durch seine Art gerne mißliebig, sondern war überdies auch ein offenherziger Kritiker. Seinen Gegnern, zu denen er Descartes, Ficino, Pico della Mirandola und vor allem Gassendi zählte, ersparte er keine Attacke. Selbst Ptolemaeus, seinen geistigen Vater, den er meist in Superlativen beschreibt, nimmt er an manchen Stellen nicht aus.

Das Lebenswerk von Jean Baptiste Morin de Villefranche, an dem er mehr als 30 Jahre gearbeitet hatte, trägt den Titel ASTROLOGIA GALLICA. Er sah das Werk leider nie gedruckt, da er am 6. November 1656 starb und das Buch erst 1661 in Den Haag posthum erschienen ist. Es handelt sich um einen mächtigen Folianten von 784 Seiten, inklusive Tabellen und Beispielhoroskopen, der in 26 Bücher eingeteilt ist. In den ersten acht Büchern versucht Morin sich gegen die theologischen und philosophischen Einwände abzusichern: Gottesbeweise, Willensfreiheit, die Metaphysik des Universums, Materie und Zeit sind einige der Themen, die er bespricht.

Ab dem neunten Buch befaßt er sich mit der Astrologie, zunächst mit der Physik der Planeten und Kometen, anschließend behandeln fünf Bände die Charakteristik der Planeten und einiger Fixsterne. Es folgt eine Abhandlung über die Häuser, die er als leere geometrische Gebilde betrachtet, die erst durch die Planeten und Zeichen ihre Bedeutung erlangen. Morin vertritt in der ASTROLOGIA GALLICA die von Regiomontanus gelehrte rationale Manier[1], dies ist um so erstaunlicher, als er ja auch ein eigenes Häusersystem entworfen

---

[1] Nach der Regiomontanus Methode werden die Häuser durch die Teilung der vier Quadranten des Äquators in drei gleiche Segmente zustande kommen. Durch die Teilpunkte zieht man Großkreise, die durch die Schnittpunkte von Horizont (Nord- und Südpunkt) und Meridian gehen.

hatte.[2] Die restlichen Bücher sind eine Darlegung der eigentlichen Astrologie[3] von Morin. Sein Ausgangspunkt ist die Lehre des Ptolemaeus, dessen Werk er aber von allen mittelalterlichen Zusätzen und abergläubischen Regeln bereinigte und mit den Kenntnissen des 17. Jahrhunderts aktualisierte. Das Kernstück seiner astrologischen Theorie bildet die im 21. Buch der ASTROLOGIA GALLICA dargestellte Determinationslehre.

Im ersten Teil dieses 21. Buches untersucht er die Theorien über den Einfluß der Gestirne, die von Kepler und anderen Zeitgenossen vertreten wurden und erläutert mit scharfer Logik, was er akzeptiert bzw. zurückweist. Morin ist ein methodisch guter Schreiber, er führt einen Dialog mit seinem Leser und nimmt viele Fragen und Feststellungen vorweg, um sie später zu beantworten. Sein Ziel ist es, den Leser zu unterrichten. Im zweiten Teil beschreibt er sein eigenes Lehrgebäude zur Interpretation von Horoskopen. Hinter dieser knappen Aussage steckt mehr als zunächst vermutet wird. Morin wollte aus den oft widersprüchlichen Deutungsregeln ein festes Bezugssystem schaffen. Er bezeichnet die richtige Wertung aller Faktoren, von denen die Beschaffenheit und das Wirkungsgebiet der in einem Horoskop zur Geltung kommenden Planeteneinflüsse abhängen, als *Determinationen*. Im Mittelpunkt seines Lehrgebäudes steht damit die Auffassung, daß die ausschließliche Herrschaft der Planeten über die Zeichen und Häuser vorrangig zu behandeln ist. Insbesondere dieser Gedanke der Zeichen- und Häuserherrschaft der Planeten ist ein Grundbegriff im System nach Morin und gehört

---

[2] Das Häusersystem nach Morin baut auf Regiomontanus auf, denn er nimmt ebenfalls den Himmelsäquator als Grundkreis. Aber anstelle des Nord- und Südpunktes des Horizonts, zieht Morin die Häuserspitzen durch den Nord- und Südpol der Ekliptik. Diese Häusermethode funktioniert auch in Polarregionen, hat aber den Nachteil, daß der AC nicht unbedingt an der Spitze des 1. Hauses steht, ebensowenig wie das MC mit der Spitze des 10. Hauses zusammenfällt.

[3] Buch XXI: Determinationen. Buch XXII: Direktionen. Buch XXV: Mundan- und Wetterastrologie. Buch XXVI: Elektionen.

auch heute noch zum unabdingbaren Kenntnisstand des ausübenden Astrologen. Aber, und damit kommen wir wieder auf die erwähnte Ironie des Schicksals zurück, wer bringt die Determination der Häuserherrschaft heute noch unmittelbar mit dem Werk Morins in Verbindung?

In den ihnen zugeordneten Zeichen stehen die betreffenden Planeten – bzw. Sonne und Mond – jeweils am stärksten. Fällt ein Planet in ein anderes als in das jeweils „eigene Zeichen", so verändert sich seine Bedeutung im Horoskop natürlich auch je nach der „Natur des Zeichens", in dem er steht. In der Systematik der *Zeichenherrschaft* folgt daraus ein recht komplexes System von „Würden" (Domizil, Erhöhung) und „Schwächen" (Exil, Fall) der Planeten.

Neben diesen, mehr oder minder gängigen Begriffen begegnen dem Leser eine Reihe von Ausdrücken, die unserem heutigen Verständnis nicht mehr ohne weiteres geläufig sind. Diese stehen meist im Zusammenhang mit Morins Vorstellung des Universums, der ein strikter Verfechter der Geozentrik bzw. des aristotelischen Weltbildes war. Danach ist die Erde, die sich in der Mitte der Welt befindet, eingetaucht in die sublunare Sphäre der Elemente. In konzentrischen Kreisen folgen sieben Planetensphären (für jeden sichtbaren Planeten) und als achte Sphäre der Fixsternhimmel. Diese Sphäre, auch *primum caelum* genannt, markierte das Ende des Universums und verlieh allen anderen Sphären durch das *primum mobile* Bewegung.

Morin greift ferner die alte Überlieferung auf, daß jeder Planet eine „essentielle Natur" besitzt, also eine Urqualität[4] und vereinfacht diese. Bezieht man alle Faktoren, welche die essentielle Natur eines Planeten abändern mit in die Beurteilung ein, so erhält man die akzidentielle Natur des Planeten oder anders ausgedrückt, die Stärke der universalen Wirkung. Nun unterscheidet Morin weiterhin auch zwischen universeller und lokaler Determination. Universell ist eine

---

[4] Gemeint sind z.B. die mit den Planeten korrespondierenden Zustände warm, kalt, feucht und trocken.

Determination, solange sie nicht in Bezug auf einen bestimmten Geborenen gehandhabt wird. In der Zusammenschau der universellen Determinationen ergibt sich der „kosmische Zustand" eines Faktors. Die Festlegung der Wirkungen, die sich nur auf einen ganz bestimmten Geborenen beziehen, bezeichnet er als „irdischen Zustand" oder als „lokale Determination." Am Beispiel heißt dies, ein Planet kann durch seine Würden in bestem kosmischen Zustand stehen, daraus läßt sich aber noch nicht ermessen, ob er sich für den Horoskopeigner günstig auswirken wird. Dies wird erst durch eine eingehende Berücksichtigung der lokalen Determination, sprich der Häuser, deutlich.

Bereits an diesen kurzen Ausführungen wird sichtbar: das Werk Morins ist nicht eben leicht lesbar – umso mehr als es ursprünglich in einem unzugänglichen Küchenlatein verfaßt wurde. Dies mag auch dazu geführt haben, daß es bislang nicht übersetzt wurde. Der Astrologe Henri Selva übertrug das 21. Buch der ASTROLGIA GALLICA um die Jahrhundertwende ins Französische. Diese Ausgabe bildete die Grundlage für eine Paraphrase der Determinationslehre von Morin durch Sindbad-Weiß im Jahre 1926.[5]

Morin war ein meisterhafter Astrologe und ein großer Theoretiker, der den Dialog mit seinem Leser suchte. Dennoch zählt seine Determinationskunst sicher nicht zu den astrologischen Methoden, die sich schnell wie Instantkaffee aufgießen lassen. sondern es handelt sich um eine der ausgefeiltesten Systematiken, die uns überliefert sind. Dennoch oder gerade deswegen bleibt zu hoffen, daß die Herausgabe des 21. Buches der ASTROLOGIA GALLICA zahlreiche Leser anregen möge, sich mit den Grundlagen des Lehrgebäudes zu befassen oder einfach manche gedankliche Selbstverständlichkeit in neuem Licht zu erkennen.

Mössingen im Juli 1997   *Reinhardt Stiehle*

---

[5] Sindbad (Friedrich Schwickert) und Dr. Adolf Weiß. DIE ASTROLOGISCHE SYNTHESE: EINE KOMBINATIONSLEHRE (Bausteine der Astrologie Bd. 2) München 1926.

13

ASTROLOGIA
GALLICA
PRINCIPIIS & RATIONIBUS
propriis stabilita,

Atque in XXVI. Libros distributa.

Non solùm

ASTROLOGIÆ JUDICIARIÆ
Studiosis, sed etiam Philosophis, Medicis, & Theologis
omnibus per-necessaria: Quippe multa complectens
eximia ad scientias illas spe ctantia.

OPERA & STUDIO

JOANNIS BAPTISTÆ MORINI,
apud Gallos è Bellejocensibus Francopolitani, Doctoris Medici,
& Parisiis Regii Mathematum Professoris.

Ejus Anagramma.

MIRA SAPIENS UNI BONO STAT.

HAGÆ-COMITIS,

Ex Typographia ADRIANI VLACQ,

M. DC. LXI.

14

Vorrede zu Buch XXI

In der Beurteilung der Auswirkungen der Himmelskörper auf die sublunare Welt[6] haben sich die Astrologen des Altertums auf Prinzipien gestützt, die entweder erfunden und aus dem Naturgeschehen heraus unbegründet waren oder die in einem gewissen Ausmaß zwar in der Natur begründet waren, aber mangelhaft begriffen wurden und dementsprechend zu noch schlechterer Anwendung führten. Zu der ersten Gruppe sind die *Fines*, die Dekane, die *Facies*[7], die verschiedenen Unterteilungen und die jährlichen, monatlichen und täglichen Progressionen zu zählen, sowie die anderen wertlosen Dinge, die von den Chaldäern, Arabern und Ägyptern eingeführt worden sind. In die zweite Gruppe gehören die universellen Signifikatoren, die Cardanus[8] „Signifikatoren von essentieller Natur" nennt, und mit denen sich alle Astrologen von da ab befaßt haben. In der Tat ist es ganz natürlich, daß die Sonne eher als Analogie zu Ehren, Königen, dem Vater usw. angesehen werden sollte anstatt als Symbol für Unehre, Bauern oder Kindern usw. Es ist auch klar, daß Jupiter für Geld

---

[6] Die Erde ist in die sublunaren Sphären eingebettet, die mit den Elementen Feuer, Wasser und Luft in Beziehung stehen. Die sublunare Welt ist durch Wechsel und Unbeständigkeit gekennzeichnet. Die folgende erste Planetensphäre ist die des Mondes, daher die Bezeichnung sublunar.

[7] Hier kritisiert Morin verschiedene antike Methoden zur Feingliederung des Tierkreises. Dekane bezeichnen die Unterteilung in 36 gleich große Abschnitte von je 10°. *Fines* (gr. *horia*) gliedern die Zeichen in fünf ungleich große Abschitte; Ptolemaeus beschreibt dies ausführlich im ersten Buch der Tetrabiblos. Bezüglich der *Facies* (gr. *prosopon*) liegen sehr widersprüchliche Definitionen vor. Eine Version unterteilt den Zodiak in 72 gleiche Bögen zu je 5° und jedem „Gesicht" wird ein Herrscher zugeordnet.

[8] Der latinisierte Name von Girolamo Cardano, geboren am 24. 09. 1501 in Pavia, gestorben am 20. 09. 1576 in Rom. Arzt, Mathematiker, Physiker und Astrologe. Verfasser astrologischer Aphorismen und eines Kommentares zu den Tetrabiblos.

stehen sollte, Venus für die Frau, Merkur für die geistigen Qualitäten und so weiter, wie bereits erklärt wurde, für die übrigen Planeten. Zweifellos repräsentiert die Sonne den Vater und ist der universelle Signifikator für Ehren, aber was Astrologen davon ableiten wollen ist absurd – nämlich, daß in jedem Horoskop die Ehre und das Prestige des Geborenen, ebenso wie auch sein Vater, (zumindest in einem diurnalen Horoskop) hauptsächlich von der Sonne aus allein beurteilt werden müssen, ganz ungeachtet des Hauses, welches die Sonne besetzt oder dessen Herrscher sie ist. Sie gehen auch davon aus, daß bei der Berechnung von Direktionen die Sonne immer als Signifikator für den Zustand des Vaters oder für Ehren genommen werden sollte und entsprechend bei den anderen Planeten. Aber die Himmelskörper sind universelle Wirkungen und neutral gegenüber den individuellen Dingen der sublunaren Welt, obwohl diese letzteren ihnen eine Determination geben. Es gibt verschiedene Arten von Determinationen dieser Einflüsse, aber sie können auf die beiden Hauptklassen von Position und Herrschaft im Horoskop reduziert werden. So beeinflussen die Himmelskörper alle Dinge, die in der sublunaren Welt geboren werden, entsprechend der besonderen Art, auf welche dieser Einfluß durch sie modifiziert wird – das heißt durch Stellung oder Aspekt in einem bestimmten Haus des Horoskops oder durch Herrschaft über ein Haus oder durch Aspekte mit dem Herrscher dieses Hauses – wobei all dies im Augenblick der Geburt festgelegt wurde. Kein Planet kann irgend etwas verursachen oder anzeigen, es sei denn entsprechend jener Determinationsmethoden, die später erklärt werden.

Die einfache Wahrheit dieser Methode läßt sich gelegentlich in den astrologischen Aphorismen des Altertums finden, welche die Wirkungen der Planeten häufig durch deren Stellung in oder ihrer Herrschaft über das eine oder das andere Haus beurteilt haben oder aber mittels der Aspekte mit den Herrschern der Häuser. Aber diese Aphorismen sind zu verworren, voller Phantastereien und mit falschen Bemerkungen vermischt, mit dem Ergebnis, daß die Wahrheit, selbst für die einfachsten Dinge, nie offenbar wurde, sondern statt dessen verborgen blieb.

Tatsächlich scheint die Methode der Voraussage gemäß Ptolemaeus TETRABIBLOS[9], Buch 3, Kapitel 1, durch die Kombination des Einflusses der Sterne miteinander und mit den Zeichen und Häusern (was nichts anderes ist, als das Problem, welches wir später eingehend betrachten) recht alt zu sein und schon von seinen ägyptischen Vorgängern und sicher von den Chaldäern und Arabern gebraucht worden zu sein, wie Cardanus in seinem Kommentar erklärt. Von jenen haben die Griechen diese Astrologie erhalten, die von Adam und Noah überliefert wurde, aber schon in einen unreinen und verderbten Zustand verfallen war. Ptolemaeus lehnte diese Methode jedoch ab, nicht weil er meint sie sei falsch, sondern weil er sie bestenfalls als verwirrend, schwierig und zu unbestimmt ansah. Seiner Meinung nach hatte sie mehr Bezug zur Interpretation von Einzelheiten als zu allgemeinen Regeln. Allerdings gesteht Cardanus in seinem Kommentar ein, daß sie eine viel einfachere Methode wäre, wenn sie im Detail heraus gearbeitet werden könnte. So behandelt Ptolemaeus nur die allgemeinen Prinzipien, die er sich selbst ausgedacht hat – das heißt., er nimmt die Stellung der Sonne in einem Horoskop als Entsprechung für Gesundheit an und betrachtet das gesamte *Caelum* als in Bezug dazu stehend, wie Cardanus in seinem Kommentar aufgezeigt hat; seine anderen Signifikatoren behandelt Ptolemaeus auf dieselbe Art und Weise. Nichts desto weniger geht Ptolemaeus häufig nach dieser sehr alten Methode vor, zum Beispiel wenn er den Herrscher des MC oder des Aszendenten mit der Sonne und dem Mond vergleicht. Aber die Verwirrung, Schwierigkeit oder Uneindeutigkeit ist weit schlimmer, wenn in Fragen der Gesund-

---

[9] Claudius Ptolemaeus. *Tetrabiblos: Nach der von Philipp Melanchthon besorgten seltenen Ausgabe aus dem Jahre 1553.* (Mössingen, 1995) p. 133ff.

heit die Stellung der Sonne mit dem gesamten *Caelum* verglichen wird – wie es Cardanus in seinem Kommentar zu Buch 2, Kapitel 7 der TETRABIBLOS ebenfalls zu tun verlangt – als wenn ein Urteil über die Länge des Lebens oder die Gesundheit anhand des Zustandes des Aszendenten und seines Herrschers gefällt wird. Daher muß diese Methode wieder aufleben, wenn wir diese wahre Astrologie, die der Nachwelt durch Adam und Noah überliefert wurde, weiterverfolgen und ihren Prinzipien treu bleiben wollen.

Und so gebe ich schließlich, nachdem ich diese fiktiven Elemente erkannt und dann ausgemerzt habe, der Nachwelt – mit Gottes Willen – die Basisgrundlagen der kritischen Astrologie weiter, die in diesem Buch über die verschiedenen Determinationen der Himmelskörper vorgestellt werden. Von diesen Determinationen haben die Astrologen des Altertums nicht einmal geträumt, aber in ihnen ist die gesamte Wissenschaft von Beurteilungen und Voraussagen enthalten und auf den folgenden Seiten wird ihr Gebrauch klar gemacht.

Erster Teil

Kapitel I

DIE FORMALE ODER ESSENTIELLE DETERMINATION DES *PRIMUM CAELUM*[10]

Alle Philosophen räumen ein, daß die Himmelskörper universelle Ursachen sind und sie haben Recht damit, denn zusammen mit den ihnen untergeordneten wirkenden Kräften, bringen die universellen Ursachen alle natürlichen Wirkungen hervor, in Übereinstimmung mit unserer zuvor gegebenen Definition einer universellen Ursache. In der Tat sind diese Wirkungen für die Himmelskörper akzidentell, sprich von den Umständen abhängig. Denn es ist ganz akzidentell für das *Caelum* oder die Sonne, daß sie einen Menschen, ein Pferd oder einen Baum usw. hervorbringen sollten, über welche die formale Wirkung der Himmelskörper hinwegfließt. Aber wenn die Sonne ihren spezifischen Einfluß ausgießt, so ist dieser Vorgang – wie jeder Mensch selbst beobachten kann – nicht akzidentell für die Sonne, sondern in ihrem Wesen enthalten. Stünde die Sonne in einem imaginären Raum außerhalb des *Caelum*, wäre sie dennoch außerstande, ihren spezifischen Einfluß oder ihre Hitze *nicht* auszugießen, obwohl beides von keinem Objekt aufgenommen werden könnte. Daher ist die Sonne keine universelle Ursache dieser Wirkung, sondern eine

---

[10] Im aristotelischen System, dem sich Morin verbunden sieht, umkreisen die Tierkreis- und Planetenphären den von der sublunaren Sphäre umgebenen Erdball. Nach den sieben Planetensphären, auf denen die Planeten kreisen, kommt das *primum caelum* (die Sphäre der Fixsterne) als die äußerste Sphäre. Morin sieht in dem *primum mobile*, welches hinter der Planetensphäre steht, die Urkraft allen Geschehens, die den anderen Sphären ihre Bewegung mitteilt. Das *primum mobile* wurde als der Grund für den Auf- und Untergang der Sterne angesehen.

Einzelursache, denn ohne die Mitwirkung irgendeiner untergeordneten Kraft bringt sie diese Wirkung nichtsdestoweniger hervor – egal ob ihre Hitze oder ihr spezifischer Einfluß von irgendeinem Objekt empfangen wird oder nicht.

Somit ist klar, daß jede universelle Ursache in sich selbst für ihre akzidentiellen Wirkungen unwesentlich ist, und daß sie diese Wirkungen determinieren kann, aber nicht ihre eigene formale Wirkung, denn diese letztere wurde vom Schöpfer der Natur essentiell determiniert, und die Natur ist eine Einheit, die mit einer aktiven Macht ausgestattet ist.

Daher werden wir als erstes die Determinationen des *Primum Caelum* und danach diejenigen der Planeten und Fixsterne betrachten. Das *Primum Caelum* hat die größten Möglichkeiten, bestimmte Wirkungen der Natur, in Zusammenarbeit mit irgendeiner der anderen natürlichen Ursachen in den verschiedenen Gebieten der Welt, hervorzurufen – kosmisch, ätherisch oder elementar – weil es klar alle anderen natürlichen Kräfte beinhaltet, wie oben nachgewiesen wurde; daher ist das *Caelum* selbst eine natürliche Grundursache.

Es kann eingewendet werden, daß die Sonne, falls das *Primum Caelum* mitsamt allen anderen Himmelskörpern (außer der Sonne und der Erde) vernichtet werden würde, dennoch ihr Licht, ihre Hitze und ihren spezifischen Einfluß abgeben und die Erde beleuchten und erwärmen würde, daß die Sonne also dennoch einen Einfluß auf die Erde oder auf jedes ihrer Lebewesen haben würde – unabhängig vom *Primum Caelum*. Folglich muß die Sonne diese Dinge unabhängig vom *Primum Caelum* bewirken, denn das *Caelum* könnte allein durch seine Anwesenheit oder Existenz nicht das übertragen, was durch seine Abwesenheit oder Vernichtung weggenommen würde; daher ist das *Primum Caelum* keine natürliche Erstursache.

Ich würde aber erwidern, daß es – indem ich eine solche Hypothese einräume – trotzdem wahr ist, daß die Sonne dennoch diese erwähnten Qualitäten abgeben würde, denn sie sind offenbar der Sonne zugehörig und sogar in einer weiten Entfernung wirksam, indem sie die Erwärmung und die Beleuchtung der Erde bewirken; diese Wirkungen sind jedoch nicht kosmisch, sondern elementar und in Übereinstimmung mit der Natur des Feuers. Aber die Sonne hat keinen Einfluß auf die Erde oder auf irgendein auf ihr geborenes Lebewesen, es sei denn ganz generell, aber nicht spezifisch – wie auf die Gesundheit, den Beruf usw. – denn kein solcher spezifischer Einfluß existiert außer jenem, der durch die Häuserstellung im Horoskop entsteht; und der Einfluß der Sterne kommt immer durch diese Häuser.

Man könnte einwenden, daß die Primärhäuser[11] welche diesen Einfluß bedingen, nichts anderes sind, als eine Aufteilung des gesamten Raumes, der die Erde umgibt, und daß diese auf der Erde die Pole, Achsen und der Äquator sind – oder als solche gedacht werden können, – durch welche dieser Raum geteilt wird; der Einfluß der Sonne oder eines Planeten müßte immer über diese Häuser kommend angenommen werden. Ich würde erwidern, daß durch die primären Häuser kein aktiver Einfluß gegeben ist, denn sie sind nichts anderes als ein leerer Raum und daher inaktiv, sondern es ist eher ein determinativer Einfluß durch sie gegeben. Aber in der Tat haben wir früher gezeigt, daß das System der Unterteilung der Tierkreiszeichen einen aktiven Einfluß hat, nicht nur mittels der Planeten, sondern auch durch sich selbst, so wenn zum Beispiel die verschiedenen Zeichen am Aszendenten oder in den anderen Häusern erscheinen. Allerdings sind die Zeichen keine Bestandteile von unbeweglichem Raum, da sie selbst durch die primären Häuser oder Räume beweglich sind; noch sind sie Teile der Erde, weil die Erde selbst auch unbeweglich ist und daher ohne Pole, Achsen oder Äquator. In der Tat sind die Zeichen jene Teile des *Primum Caelum*, die von den Planeten bei Erschaffung deter-

---

[11] Gemeint sind im heutigen Sprachgebrauch die Tierkreiszeichen.

miniert wurden – d.h. Erstursachen von Zweitursachen. Da sie nun einen simultanen Einfluß haben, als Erst- und Zweitursache derselben Wirkung, die notwendigerweise von einander abhängt, folgt daraus, daß die Sterne ohne die Mitwirkung des *Primum Caelum* keinen spezifischen Einfluß ausüben können, selbst wenn sie Licht und Hitze abzugeben in der Lage sind.

Daraus wird klar, daß es eine Sache ist, Hitze oder irgendeinen Einfluß abzugeben und eine ganz andere Sache, tatsächlich etwas aufzuheizen oder diese Einwirkung direkt auf etwas auszuüben. Denn diese letztere Situation erfordert ein Objekt, welches für Hitze oder für diesen Gestirnseinfluß empfänglich ist, während die erstere dies nicht voraussetzt, da dieser Ausfluß ohne ein Objekt stattfinden kann, so etwa in den imaginären Räumen, aus denen die Macht des *Primum Mobile* wahrscheinlich ihren Ausgang nimmt, vorausgesetzt man räumt ein, daß solche Räume existieren. Des weiteren ist es eindeutig, daß das *Primum Caelum* die erste Ursache aller kosmischen Einflüsse ist und auch eindeutig die erste Ursache von Licht, Hitze und den anderen elementaren Qualitäten enthält, denn ansonsten wäre es nicht in zwölf Zeichen teilbar, welche unterschiedliche elementare Beschaffenheiten aufweisen.

Kapitel II

DIE FORMALE ODER ESSENTIELLE DETERMINATION DER PLANETEN UND DER FIXSTERNE

Genauso wie das *Primum Caelum* vom Schöpfer der Natur determiniert wurde, der ihm seine eigene essentielle Eigenart und aktive Macht gegeben hat, so wurde auch den sieben Planeten ihre eigene essentielle Veranlagung und Qualität gegeben. Aus diesem Grunde wirkt die Sonne auf solare Art – d.h. sie gibt Hitze und Licht und ihren eigenen spezifischen Einfluß ab, – während der Mond auf lunare Weise wirkt;. für die übrigen Planeten und die verschiedenen Fixsterne verhält es sich entsprechend.

Wie schwierig es ist, die Art und die Qualität eines Planeten zu definieren wurde bereits festgestellt. Diese Schwierigkeit ergibt sich aus der Tatsache, daß durch dieselbe essentielle Qualität ein Planet ein Ergebnis in einem Metall verursacht, ein anderes in einer Pflanze und ein weiteres in einem Tier oder in einem Menschen; darüber hinaus verursacht der Planet verschiedene Dinge bei unterschiedlichen Menschen wie auch bei demselben Individuum. Zudem löst ein Planet in jedem Zeichen etwas anderes aus; ähnlich bedeutet ein Winkel zu dem einen Planeten etwas völlig anderes als dieser Winkel zu einem anderen Planeten; und es sind auch unterschiedliche Ergebnisse zu sehen, je nachdem, welche Winkelverbindung er zu diesem anderen Planeten haben wird. Da alle Arten von Kombinationen normalerweise auftreten, kann die Interpretation der Aktion und Qualität eines Planeten nur äußerst schwierig sein. Aber der Planet wirkt zur gleichen Zeit in allen verschiedenartigen Objekten, und wenn er in jeder Klasse – so wie z.B. den Menschen – sorgfältig und genau betrachtet wird, kann ein angemessenes Verständnis verwirklicht werden, mit dem Ergebnis einer großen Sicherheit in der Beurteilung.

Befindet sich ein Planet im Domizil, ist seine Natur nicht mit etwas anderem vermischt, insbesondere wenn er nicht im Aspekt zu irgendeinem weiteren Planeten steht; beispielsweise erfährt die Sonne im Löwen keine Beimischung anderer Qualitäten, da beide, der Planet und das Zeichen eine solare Anlage haben. Aber die primären Häuser oder Räume des Horoskops beeinflussen diese Auswirkungen weder direkt, noch wirken sie aktiv bei diesen mit, statt dessen qualifizieren sie diesen Einfluß der Himmelskörper kaum oder geben ihnen fast keine Determination.

Am Beispiel von Sonne und Mond, die jeweils nur ein Zeichen beherrschen, ergeben sich keine Schwierigkeiten, die elementare Natur der Planeten zu verstehen; es treten aber im Falle von Saturn, Jupiter, Mars, Venus und Merkur Probleme auf, da diese jeweils in zwei Zeichen regieren, die von Natur aus im Gegensatz zueinander stehen. Zum Beispiel dominiert Saturn sowohl im Steinbock als auch im Wassermann und der letztere ist warm und feucht, während der erstere kalt und trocken ist. Bei der Beschreibung von Disposition oder Charakter sind es die Astrologen gewohnt, etwa sorglos festzustellen, daß Saturn im Steinbock kalt und trocken ist – d.h., er macht Dinge kalt und trocken – während er im Wassermann warm und feucht ist, und dabei lassen sie die eigene Qualität des Planeten dem Wesen desjenigen Zeichens folgen, das er besetzt; und dasselbe tun sie mit den anderen Planeten. Aber wie kann logischerweise gesagt werden, daß Saturn an sich kalt und trocken ist, wenn er nicht nur kalt in einem kalten Zeichen und trocken in einem trockenen ist, sondern auch warm in einem warmen Zeichen und feucht in einem feuchten Zeichen?

Tatsache ist, daß sich diese Astrologen irren, wenn sie bei der Bewertung von Disposition und Charakter die elementare Natur der Planeten in den verschiedenen Zeichen nicht in Betracht ziehen; statt dessen kommen sie zu dem Ergebnis, daß Saturn und Mars im Widder z.B. gleichermaßen warm sind, wie es in der Tat Origanus[12] behauptet.

Überdies ist es eine Tatsache, daß selbst diejenigen Zeichen, die ohne Planeten sind, dennoch einen Einfluß auf den Aszendenten und andere Faktoren im Horoskop haben; und sie funktionieren auf elementare Weise, entsprechend der Natur, die als *Initio Mundi* bezeichnet wurde; ihr spezifischer Einfluß folgt jedoch der Anlage ihrer Herren. Saturn z.B. beherrscht sowohl Steinbock als auch

---

[12] Gemeint ist David Origanus (1558 – 1628), der in Frankfurt a.O. und in Breslau lehrte. Eines seiner Werke war die *Astrologia Naturalis Sive Tractatus de Effectibus Astrorum*, das in Marseille posthum im Jahre 1645 erschien und auf das sich Morin hier bezieht. Am bekanntesten wurde er für seine *Ephemerides Novae Brandenburgicae*, für die Jahre 1595 – 1630, der erste Versuch, Ephemeriden zu veröffentlichen.

Wassermann, deren elementare Qualitäten gegensätzlich zueinander sind, aber jedes Zeichen hat einen Einfluß, der saturnal ist, weil Saturn der Herrscher von beiden ist. Die elementare Natur von Saturn ist am klarsten im Steinbock zu ersehen, weil Saturn im Steinbock die Dinge sehr kalt und trocken macht, während seine Kälte und Trockenheit im Gegensatz hierzu im Wassermann nachläßt, was nur durch die gegensätzlichen Qualitäten von Wärme und Feuchtigkeit möglich ist, die zu Wassermann gehören. Daher können wir sagen, daß Saturn äußerlich oder manifest, kalt und trocken ist, aber eigentlich oder latent nicht weniger warm und feucht ist. Wir können denn also schließen, daß die elementare Natur von Saturn kalt und trocken ist, obwohl der Einfluß von Saturn warm, kalt, feucht oder trocken sein kann. Aus diesem Grund hat Wassermann lediglich Bezug zur Art seines Einflusses, während Steinbock auch Bezug zu seiner elementaren Natur hat; demzufolge erhält Steinbock mehr von der Art Saturns als der Wassermann, und aus diesem Grund ist Saturn im Wassermann weniger übeltäterisch als im Steinbock. Im Steinbock offenbaren sich daher die nachteiligen elementaren Qualitäten von selbst, während im Wassermann durch die elementare Luftnatur dieses Zeichens eine Ausgeglichenheit hergestellt ist. Und so verhält es sich in ähnlicher Weise bei den anderen Planeten.

Kapitel III

BESCHREIBUNG UND WIDERLEGUNG EINES IRRTUMS, WELCHER IN DER ASTROLOGIE HÄUFIG ANGETROFFEN WIRD

Bei der Betrachtung essentieller Determinationen eines Planeten, haben die Astrologen immer angenommen, daß die Sonne z.B. den Vater, den Ehegatten, Könige, Adlige, Ruhm, Ansehen und die Gesundheit usw. bezeichnen würde, und Cardanus behauptet, daß die Sonne diese Dinge „entsprechend ihrer essentiellen Natur" bedeuten würde. Ähnlich steht der Mond für die Mutter, Königinnen, das gemeine Volk, usw.; Jupiter repräsentiert den Wohlstand; Merkur symbolisiert geistige Qualitäten usw. Solche Feststellungen sind häufig in den Büchern der Astrologen des Altertums zu finden, wo diese Planeten die generellen Signifikatoren solcher Dinge genannt werden und ihre Bedeutungen werden zur Grundlage der Voraussagen gemacht, sowohl beim Geburtshoroskop als auch bei der Interpretation von Direktionen. In Buch III Kapitel 4 der TETRABIBLOS, wo von den Eltern gesprochen wird, stellt Ptolemaeus fest: *„Die Sonne und Saturn bezeichnen den Vater ihrer Natur nach; Mond und Venus die Mutter. Die Beziehung dieser Gestirne unter sich und zu den anderen bezeichnen die äußeren Verhältnisse der Eltern."*[13] Ähnlich behauptet er in Buch 4, Kapitel 3, daß der Mond für die Ehefrau und die Sonne für den Ehemann stehe und aus dem Zustand dieser Planeten könne das Schicksal der beiden Elternteile vorausgesagt werden. Dann, in Buch 3, Kapitel 18, wo er von den geistigen Qualitäten des Geborenen spricht, sagt er: *„Die Anlagen des Geistes, d.h. die Eigentümlichkeiten der Gemütsart und des Denkvermögens entnehmen wir im einzelnen den Verhältnissen Merkurs. Die Eigenschaften des seelischen, ethischen Teiles hingegen und der innerlichen Kräfte schöpfen wir aus den größeren Gestirnen, d.h. dem Monde und den diesen unterstützenden Planeten, sei es durch eine Konjunktion oder die Bildung von Aspekten."*[14] Bislang sind die Astrologen diesen Anleitungen gefolgt und haben ihre Urteile bezüglich des Vaters des Geborenen von Sonne oder Saturn abgeleitet; die Mutter betreffende Aussagen von Mond oder Venus; über die Intelligenz wurde von Merkur her geurteilt, jeweils ohne Rücksicht auf die Häuser, denn sie haben nur die Himmelsposition und den wechselseitigen Bezug zu anderen Pla-

---

[13] Claudius Ptolemaeus. *Tetrabiblos*. (Mössingen, 1995) p. 145f.
[14] Claudius Ptolemaeus. *Tetrabiblos* (Mössingen, 1995) p. 197.

neten betrachtet, aber ohne darauf zu achten, in welchen Häusern des Horoskops die Planeten stehen oder über welche herrschen.

Die Anleitung von Ptolemaeus ist jedoch nicht vollständig richtig und die Astrologen des Altertums haben exzessiven Gebrauch von den Analogiebedeutungen der Planeten gemacht, die darauf basierten, daß jeder Planet eine Entsprechung zu den verschiedenen Klassen der sublunaren Dinge hat, die seiner essentiellen Natur entsprechen, – obwohl jeder der Planeten seiner Natur und Qualität nach von den anderen differiert. Die Sonne z.B. steht für die Gesundheit, den Vater, den Rang oder die Position usw.. Aber da diese Entsprechung in der essentiellen Natur der Sonne begründet ist und der Einfluß der Sonne völlig universell und neutral ist, könnte die Sonne nicht allein durch Analogie die Gesundheit eher anzeigen, als den Vater, den Ehemann, den König oder die Stellung, obwohl das Wesen der Sonne Personen oder Umstände anzeigt, die eher berühmt, öffentlich oder vornehm sind als obskure Personen oder solche von geringer Bedeutung. Aber auf Grund der allgemeinen Neutralität könnte man nicht annehmen, daß die Sonne eines dieser Dinge eindeutig mehr bedeutet als ein anderes. Wenn sie als für alles stehend angenommen werden würde – d.h. den Vater, Ehemann, die Stellung im Leben usw. – würde jeder zustimmen, daß dies absurd wäre und im Gegensatz zur Erfahrung stünde. In der Tat scheint Cardanus genau diese Idee in Kapitel 6 seines LIBER DE REVOLUTIONE zu verspotten, wenn er in seinem Kommentar behauptet, daß Ptolemaeus einen großen Teil an Verwirrung gestiftet hat, indem er einem Signifikator verschiedene Bedeutungen zuschreibt und den Mond z.B. zum Signifikator für den Körper, die moralischen Sitten, die Gesundheit, die Ehefrau, Mutter, Töchter, weibliche Bedienstete und Schwestern macht. Cardanus sagt: *„Was muß denn die Stellung des Mondes im Horoskop eines Menschen sein, dessen Frau im Kindbett gestorben ist, der aber selbst ein langes Leben lebte, der viele gesunde Töchter hatte aber auch weibliche Bedienstete die weggelaufen sind oder einen gesunden Körper* *hatte, aber eine Mutter die jung gestorben ist, und der selbst einen schwachen moralischen Charakter hatte?"*

Ptolemaeus, Cardanus und andere haben auch geirrt, wenn sie behaupteten, daß in jedem Tag-Horoskop[15] vom kosmischen Zustand der Sonne her ein Urteil betreffend den Vater des Geborenen zu fällen ist, und in einem Nacht-Horoskop vom Zustand des Saturn. Dabei sehen sie nicht, daß dies absurd ist, denn wenn die Sonne im Löwen stünde und, z.B. in Konjunktion mit Venus oder im Trigon zu Jupiter wäre, würde im Laufe dieses Tages nirgendwo auf der Erde ein Kind geboren werden, dessen Vater nicht glücklich und langlebig wäre oder andererseits unglücklich und kurzlebig, falls die Sonne schlecht gestellt wäre. Und da dieser Aspekt natürlich für mehrere Tage wirksam bliebe, ist es nur selbstverständlich anzunehmen, daß jedes während dieser Zeit geborene Kind, dieselbe Art von Vater haben würde; dies steht nicht nur im Gegensatz zur Erfahrung, sondern würde auch die Bedeutung der Häuser gegenstandslos machen. Und dasselbe würde hinsichtlich der geistigen Qualitäten für Merkur gelten, solange sein kosmischer Zustand günstig oder ungünstig bliebe, und dasselbe für Jupiter hinsichtlich der Finanzen.

---

[15] Für einen Astrologen der Antike war die wichtigste Frage, die seine Interpretation eines Horoskops beeinflußte: Wurde der Horoskopeigner bei Tag oder bei Nacht geboren? Mit anderen Worten, stand die Sonne über oder unter dem Horizont? Dieses einfache Kriterium wirkte sich auf seine Berechnung der Lebenserwartung, die Berechnung der meisten Himmelslose (die wir meistens nicht ganz korrekt als „Arabische Punkte" bezeichnen), die Herrscher der Triplizität usw. aus. Noch bedeutsamer war die Tatsache, daß jeder Planet, jeder Winkel und jede Hausposition unterschiedlich gedeutet wurde, je nachdem ob es sich um eine Tag- oder eine Nachtgeburt handelte. Tag- oder Nachtgeburten waren gleichwertig, sollten aber unterschiedlich ausgelegt werden, da die Planeten verschiedene Fähigkeiten, Kräfte und Funktionen in den jeweiligen Horoskopen entwickelten. Siehe hierzu auch: Claudius Ptolemaeus *Tetrabiblos*, (Mössingen, Chiron Verlag, 1995) p.36.

Es ist jetzt klar, daß jeder Planet sich auf all die einzelnen Dinge bezieht, zu denen er durch seine Natur eine Analogie aufweist, daß aber diese Determination eine essentielle ist und so universell und neutral, daß sie keine weitergehende Bedeutung für einen Menschen hat als für ein Tier, denn die Angelegenheiten dieser Analogien werden von Tieren genauso geteilt wie von den Menschen. Ebensowenig bezieht sich ein Planet mehr auf den einen oder den anderen von all den vielen Menschen, die zur gleichen Zeit auf der ganzen Erde geboren worden sind, er bezieht sich nicht mehr auf das Leben als auf den Tod, nicht mehr auf den Vater als auf den Ehemann oder mehr auf Freunde als auf Feinde – es sei denn, diese Besonderheiten sind durch die Stellung in oder die Herrschaft über bestimmte Häuser des Einzelhoroskops und dessen Aspekte mit ihren Herrschern determiniert. Sollten sich diese Determinationen durch die Häuser zufällig auf Dinge beziehen, zu denen der Planet eine Analogie hat, wird die daraus resultierende Wirkung mit größter Sicherheit eintreten. Einige Beispiele dafür wären der Bezug, den die Sonne zu den Eltern in einem Taggeburts-Horoskop hat oder durch ihre Stellung oder Herrschaft im vierten Haus bei Nacht; der Bezug der Sonne zum Beruf durch Stellung oder Herrschaft im zehnten Haus; oder der Bezug von Merkur zu den geistigen Qualitäten durch seine Position oder Herrschaft im ersten Haus usw.. Und da es sich häufig ereignet, daß diese Signifikatoren eine spezifische Determination entsprechend ihren Analogien haben, haben Astrologen sich getäuscht, indem sie als unveränderliche Wahrheit angenommen haben, was in Wirklichkeit ein akzidentieller Umstand ist. Man betrachte mein eigenes Horoskop: Ich wurde bei Tag geboren und Sonne, Mond, Merkur, Venus und Saturn stehen im zwölften Haus und im Quadrat zum Mars, der den Aszendenten beherrscht. Der Mond ist daher Signifikator der Eltern, weil er Herr des vierten Hauses ist und insbesondere der meiner Mutter, da der Mond weiblich ist und im weiblichen Zeichen Fische steht; seine separative Konjunktion mit Saturn, während er sich applikativ keinem anderen Planeten annähert, zeigt das geringe Liebe durch meine Eltern an – insbesondere durch meine Mutter – und ihre ungerechte Behandlung mir gegenüber. Die Sonne steht jedoch in enger Konjunktion mit Jupiter, und dies war der Grund dafür, daß Kardinal Richelieu mein geheimer Feind war, da diese Sonne zusammen mit Saturn im zwölften Haus steht. Die Sonne ist hier der Signifikator für mächtige Feinde und das Unrecht, das durch sie verursacht wird, aber nicht für meinen Vater, obwohl ich während des Tages geboren wurde. In der Tat hatte mein Vater nie eine Abneigung gegen mich und hat mir nie absichtlich Unrecht zugefügt. Und so ist dieses Horoskop ein Beispiel dafür, daß die universellen Signifikatoren sich nicht auf irgendeine spezifische Situation oder Ereignis beziehen können, da, wenn man nur sie selbst betrachtet, ihre Bedeutung und Anwendung zu allgemein bleiben muß.

Es könnte jedoch auch der Einwand erhoben werden, daß die Sonne – für sich allein betrachtet – eine Bedeutung hat, die zu universell ist, um sich speziell auf den Vater zu beziehen oder daß Mond und Merkur zu universell in sich selbst sind, um sich auf die sittlichen und geistigen Qualitäten zu beziehen. Es ist eine Tatsache, daß der Mond für jegliche spezifische sittliche Qualität neutral ist, da diese tatsächlich von dem Zeichen festgelegt wird, in welchem der Mond steht oder vom Herrn dieses Zeichens, und die sittlichen Qualitäten werden sich danach unterscheiden, wie dieses Zeichen oder dieser Herrscher sind. Daher gehen Ptolemaeus, Cardanus und andere in der Tat recht in ihrer Annahme, daß der Mond und der Herr des Zeichens in dem er steht, die sittliche Natur anzeigen; dasselbe gilt für Merkur und die geistigen Qualitäten und so fort für die anderen Planeten.

Aber ich würde erwidern, daß sich die Astrologen der Vergangenheit in dieser Angelegenheit ebenfalls geirrt haben. Es ist sicher möglich zu sagen, daß der Einfluß des Mondes variiert und etwas

Unterschiedliches angezeigt wird, abhängig von dem Zeichen, durch welches er sich bewegt und dem Herrscher dieses Zeichens. Aber dieser Einfluß durch das Zeichen ist zu universell und betrifft die ganze Welt. Denn der kosmische Zustand des Mondes zeigt die sittliche Natur nicht stärker an, als er die Mutter oder die Frau anzeigt usw., denn um sich auf irgendeines von diesen Dingen eher zu beziehen als auf ein anderes ist eine spezifische Determination erforderlich – d.h., die der Mond als Herr des Horoskops oder Aspekte mit den Herrschern der Häuser, welche diese Dinge betreffen. So zeigt der Herrscher des Aszendenten, auch Geburtsgebieter genannt, wenn er in Verbindung mit der Sonne steht, die ja immer eine Analogie zu Ruhm hat, für den Geborenen Ehre an; hat der Geburtsgebieter eine Verbindung mit Jupiter, der eine Entsprechung zu Geld hat, zeigt dies Reichtum an; wenn er Verbindung mit Venus hat, welche analog zur Gattin hat, zeigt es die Ehegattin an, und in diesem Fall wird es noch sicherer die Ehefrau anzeigen, wenn Venus im siebten Haus steht oder der Herr des siebten Hauses ist. Und daher sollte der Häuserstellung der Planeten oder ihrer Herrschaft über ein Haus besondere Aufmerksamkeit gezollt werden, ebenso ob sie einen Planeten günstig oder ungünstig aspektieren, der eine Entsprechung zur Bedeutung dieser Häuser hat und welches die kosmische Stellung und Determinationen dieses anderen Planeten seinerseits ist. Aus alledem kann eine sehr genaue Prognose erstellt werden, denn hierin liegen die Geheimnisse der Astrologie.

Des weiteren ist der Mond im Domizil im Krebs und, da der Mond und das Zeichen Krebs dieselbe grundsätzliche Wesensnatur haben, ist der Mond dort keinem anderen Planeten durch Herrschaft untergeordnet. Man beachte auch die Tatsache, daß für die Zeitdauer, in der Merkur im selben Zeichen verweilt, die hervorgebrachten geistigen Qualitäten auf der ganzen Welt dieselben wären, was sicherlich im Gegensatz zur Erfahrung steht, denn tatsächlich verändern sich diese Qualitäten zu jeder Stunde oder sogar zu jeder Minute. Wenn also Merkur, gemäß der Analogie der allgemeine Signifikator des Denkens ist, aber als besonderer Signifikator dieser selben Sache durch Stellung oder Herrschaft im ersten Haus eines Horoskopes vorgefunden wird, – welches sich auf die geistigen Qualitäten sowie auch der gesamten allgemeinen Kondition von Körper und Seele bezieht, – so wird die Wirkung von Merkur auf die geistigen Qualitäten des Geborenen, in einem solchen Fall sehr stark betont sein. Ähnlich verhält es sich, wenn Merkur eine Beziehung zum Aszendenten oder dessen Herr vorweist, sei es durch Herrschaft oder Aspekte, so wird er ebenfalls einen stärkeren Einfluß auf die geistigen Qualitäten haben. Und je mehr solcher Determinationen er hat, desto größer wird sein Einfluß auf die geistigen Qualitäten sein, aber wenn keine solchen Determinationen vorhanden sind, wird Merkur keine Beziehung zu den geistigen Qualitäten haben; und dasselbe Prinzip gilt auch für die anderen Planeten und Häuser.

Man kann entgegenhalten, daß Ptolemaeus an verschiedenen Stellen als erstes die Position der allgemeinen Signifikatoren in Bezug auf die vier Eckpunkte des Horoskops in Betracht zieht und daher sollten diese als bedeutend determinierende Faktoren angesehen werden. Ich würde entgegnen, daß diese Determination zu allgemein ist, da es nur vier Eckpunkte im Horoskop gibt, noch ist eine spezifische Determination so möglich, wie sie es durch die Verwendung der zwölf Häuser ist. Und außer wenn die Determination eine spezifische wäre, könnte der Mond den sittlichen Charakter nicht mehr anzeigen als er die Mutter oder die Ehefrau repräsentiert. Aber Ptolemaeus folgt unserer Methode nicht, wie aus den oben zitierten Passagen offenbar wird, noch tun dies andere Astrologen; statt dessen beachten sie bei der Bewertung der geistigen Qualitäten nur Merkur und dessen Dispositor[16], sie lassen

---

[16] Aus der Domizilregel wird abgeleitet, daß ein Planet, der nicht in seinem Zeichen steht durch den Herrscher dieses Zeichens gelenkt wird. Steht z.B. Jupiter im Krebs, so ist der Mond der Dispositor des Jupiter.

aber seine Häuserstellung dabei völlig außer Acht – d.h., sie betrachten seine spezifischen Determinationen nicht. Ihre Methode muß falsch sein, denn solange der Mond im siebten Haus stünde, müßten dieselben Dinge sowohl für die Mutter als auch die Ehefrau vorausgesagt werden, und dies wäre sinnlos. Denn selbst wenn der Mond Herrscher des vierten Hauses und daher Signifikator für die Eltern und insbesondere derjenige für die Mutter wäre, ist er dennoch im siebten Haus plaziert und deshalb bezieht sich diese Determination durch Position (sprich die Häuserstellung) des Mondes deutlicher au ausgerichtet f die Ehefrau als auf die Mutter; dies gilt entsprechend für die anderen Planeten und Häuser.

Kapitel IV

DIE AKZIDENTIELLEN DETERMINATIONEN
DES *PRIMUM CAELUM*

Nachdem wir die aktive Determination der Himmelskörper besprochen haben, wollen wir jetzt ihre akzidentielle Determination[17] betrachten und beginnen mit dem *Primum Caelum* oder der Erstursache in der Natur. Die Himmelskörper bestimmen aktiv die sublunare Welt, während diese eine Determination der Himmelskörper nur auf eine passive Art liefert, einfach deshalb, weil die sublunare Welt direkt durch die Himmelskörper beeinflußt wird und nicht umgekehrt, obwohl die Objekte der sublunaren Welt selbst handeln können als Ergebnis dieses Einflusses, durch den sie dann die Einzelursache ihrer eigenen Wirkungen werden. So bestimmt das *Primum Caelum* als eine wirksame Ursache alles. Es bestimmt die Natur der Planeten wie auch die elementare Natur und den spezifischen Einfluß der Tierkreiszei-

---

[17] akzidentielle Determination meint im Sprachgebrauch Morins: von den Umständen abhängig, das Resultat der Umstände eines Horoskops.

chen. Diese Determination wird jedoch von der gesamten sublunaren Welt geteilt und ist vom Anfang der Welt bis zu ihrem Ende unveränderlich, denn wenn dieser Zustand der Natur aufgehört hat, haben sich die Sterne aufgelöst und die Elemente sind im Feuer geschmolzen, ein neuer Himmel und eine neue Erde werden erschaffen, wie in den heiligen Schriften vorausgesagt; danach wird eine andere Welt kommen, die weniger zur Unordnung neigt und weniger dem Wandel unterworfen ist.

Es bestimmt auch die Natur eines jeden Planeten und der Fixsterne durch die Bewegung dieser Körper unter dem *Primum Mobile*. Genauso wie bei der Erschaffung der Welt die Natur des *Caelum* für alle Zeiten und für die gesamte Welt bestimmt wurde, so bestimmt dieser Teil des *Primum Caelum*, den die Sonne bei der Geburt eines Tieres oder eines Menschen besetzt, und der die Position der Sonne genannt wird, die spezifische solare Qualität eines Individuums, solange es lebt. Und auf die gleiche Art bestimmt die Stellung von Saturn zu diesem Zeitpunkt die spezifische saturnale Qualität für den Geborenen, die Position des Jupiter – die Qualität des Jupiter; Entsprechendes gilt für die anderen Planeten und Fixsterne.

Und diese Positionen wirken anstelle der Planeten selbst weiter, über das gesamte Leben des Geborenen, genauso wie die Zeichen, anstelle der sie beherrschenden Planeten, für die gesamte Welt fortfahren zu wirken, solange der jetzige Weltzustand andauert. Da eine erste natürliche Ursache sowohl eine universelle, als auch eine Einzeldetermination bewirken kann – wie es sich für eine solche Ursache schickt – erhält das *Antiscium*[18] genauso wie der Punkt in Opposition von Saturn, sowie all seine rechten und linken Aspekte, auch eine spezifisch saturnale Determination und an jedem dieser Punkte bleibt etwas von der Qualität des Saturn, im Bezug

---

[18] Antiszien oder Spiegelpunkte. Bezeichnet Planeten, die symmetrisch entlang der Linie 0° ♋ - 0° ♑ einen beidseitig gleichen Abstand haben.

zu diesem Individuum, so wie es durch Direktionen von oder zu diesen Punkten und von den Revolutionen und Transiten der Planeten über diese, bewiesen wird – all dies zu beobachten ist höchst wunderbar.

Es ist jedoch schwer zu verstehen, wie diese Dinge genau vonstatten gehen. Lucius Bellantius[19] behauptet in seiner Schrift gegen Pico della Mirandola[20], daß die Qualitäten der Planeten irgendwie den Teilen des *Primum Caelum* eingeprägt sind und dort für eine lange Zeit fixiert werden. Aber er irrt, weil erstens das *Caelum* die erste natürliche Ursache ist, während die Planeten sekundäre Ursachen sind und eine erste Ursache durch Zweitursachen weder etwas erleidet noch etwas erhält. Zweitens liegt er falsch, weil sich das *Caelum* fortwährend verändern würde, während es in der Tat unverändert ist. Drittens irrt er, weil die qualitative Kraft des Saturn während des gesamten Lebens des Geborenen an seinem radikalen Horoskoport verbleibt, aber wenn im Laufe des Lebens des Geborenen die andern Planeten – insbesondere der Mond – über die Radixstellung des Saturn transitieren, würden sie gezwungenermaßen die Qualität von Saturn an dieser Stelle löschen und ihn so unwirksam machen oder ihn zumindest durch die Vermischung der Qualitäten verzerren, da es keinen Grund gibt, warum das *Caelum* die Natur von Saturn stärker reflektieren sollte als die irgendeines anderen Planeten. Viertens irrt er dahingehend, daß er

---

[19] Der Arzt Lucius Bellantius aus Siena verfaßte die Gegenschrift *De Astrologica Veritate Liber Questionum & Astrologiae Defensio contra Ioannem Picum Mirandulum* sowie die Schrift *De astrologica veritate*, die beide 1498 erschienen. Bellantius selbst verstarb 1499 unter ungeklärten Umständen

[20] Giovanni Pico della Mirandola (1463 - 1494) gehörte der platonischen Akademie in Florenz an. Die Tatsache, daß ihm drei Astrologen (darunter Bellantius) prophezeit hatten, daß er das 33. Lebensjahr nicht erreichen werde, veranlaßte ihn zu einer Schrift gegen die Astrologie: *Disputationes adversus Astrologium Divinatricem*. Bellantius war zu dem Zeitpunkt im Exil. Tatsächlich starb Mirandola im Alter von knapp 32 Jahren.

meint, die Planeten würden durch ihre eigene Bewegung den Charakter dieser Zeichen zerstören oder durch ihre Eindrücke diese total verzerren. In der Tat hat aber das Zeichen am Aszendenten, auch wenn es frei von Planeten oder Aspekten ist, dennoch eine direkte Auswirkung auf den Geborenen in Übereinstimmung mit der wahren Natur dieses Zeichens, und daher bleibt die Qualität eines transitierenden Planeten nicht durch eine Einprägung in einem bestimmten Bereich eines Zeichens haften

In seinem Buch JUDICIIUM DE TRIGONO IGNEO, Kapitel 10 (1603) bestreitet Kepler, daß die Konjunktionen der Planeten aufgrund der vorliegenden immensen Entfernungen, jenem Teil der Fixsternsphäre, wo sie konjugieren, irgendwelche Qualitäten aufprägen[21]. Statt dessen behauptet er, daß die Macht einer Konjunktion in der Einprägung auf die sublunare Natur und deren göttlichen Möglichkeiten bestehe, und daß das *Caelum* nichts außer einen einfachen Hintergrund beiträgt. In Kapitel 8 stellt er fest: *„Die Wirkung einer Konjunktion ist nicht das Werk der konjugierenden Planeten, von denen nur Licht und Hitze kommt; es ist eher die Wirkung der sublunaren Natur selbst. Denn obwohl die konjugierenden Planeten die sublunare Natur beeinflussen können, tun sie dies nicht als natürlich Handelnde, die irgendeine Art von Qualität oder Kraft abgeben, sondern sie beeinflussen die Natur, so wie Gegenstände die Sinne beeinflussen – wie Licht oder Farbe auf die Augen einwirken, Geräusche auf die Ohren usw. Wie der Gegenstand ist, so ist auch der Sinn dafür in der sublunaren Natur.“*[22] Kepler mißt Tieren, Planzen und sogar der Erde selbst einen Sinn bei, welcher die Aspekte der Planeten empfängt und wahrnehmbar macht; und er behauptet, daß die empfangenen Konjunktionen, Oppositionen oder Quadrate bewirken, daß die sublunare Welt von diesen Bewegungen und

---

[21] Johannes Kepler, *Gesammelte Werke Bd. 4,*. Darin: „Judicium de trigono igneo.“
[22] Johannes Kepler, *Gesammelte Werke Bd. 1,* München 1938. Darin: „De Stella Nova i pede Serpentarii et de Trigono Igneo p. 147ff..

Aktivitäten stimuliert wird, welche dann als die Wirkungen dieser Aspekte verstanden werden. *„Die sublunaren Wahrnehmungsfähigkeiten reagieren nicht wahllos auf alle beliebigen Aspekte, sondern treffen die Auswahl nach harmonischen Ähnlichkeiten, durch welche die Erde z.B. auch stimuliert wird, Dämpfe auszustoßen, mit einem Vergnügen, ähnlich dem, welches ein Tier beim ejakulieren seines Samens empfindet"*, so bemerkt er in Kapitel 28 LIBER DE NOVA STELLA IN PEDE SERPENTARII. In Kapitel 10 des JUDICIUM DE TRIGONO IGNEO stellt er dagegen fest: *„Wenn die Planeten diejenigen Punkte kreuzen, die vom Aszendenten oder der Sonne oder dem Mond besetzt waren, ist der Native weit eher geneigt, all jene Aktivitäten zu verfolgen, die mit seinen Gegebenheiten von Zeit und Ort übereinstimmen; dies könnte jedoch nur durch eine Einprägung der gesamten Konstellation des Caelum auf die sensitive Seele, bei der Geburt des Nativen, stattfinden."* Er glaubt mit anderen Worten, daß, da das *Caelum* einen Einfluß auf alle Dinge ausübt, die Natur der Konstellation bei der Geburt in demjenigen, der geboren wird, fortbesteht. Und er glaubt, daß dasselbe für die gesamte Erde zutrifft, die er als von derselben Fähigkeit zur Aufnahme der Konstellation durchdrungen sieht.

Aber diese Ansicht ist vergleichbar mit Keplers Irrmeinung den Mond betreffend, und wir weisen seine Argumente zurück. Kepler belegt keine einzige seiner Behauptungen – zu allerletzt die Behauptung, daß eine göttliche Fähigkeit jedem sublunaren Körper, einschließlich der Erde selbst, innewohne, und daß diese Fähigkeit in der Lage sei, die Gegenwart eines Himmelskörpers zu spüren und wahrzunehmen und in sich selbst in Übereinstimmung mit dem Fühlen dieses Körpers zu reagieren, ohne daß irgendeine kosmische Ursache an dieser Reaktion teilhat. Kepler behauptet, daß diese Fähigkeit nicht nur darin rational sei, daß sie die kosmischen Aspekte und ihre Perioden wahrnimmt und unterscheidet, sondern auch darin, daß sie zwischen mehreren möglichen Aspekten die Wahl treffen kann; aber dies wäre die Funktion eines frei

Handelnden, welcher sich der einen oder anderen Handlung gegenüber neutral verhält, was im Gegensatz zu seiner Hypothese steht. Noch gibt er einen Grund dafür, warum diese Fähigkeit eher den einen als den anderen Aspekt wählen würde. Oder wenn er behauptet, daß diese Fähigkeit nur durch harmonische Aspekte angeregt wird, so ist dies falsch, denn wenn die harmonischen Aspekte allein ausreichen würden, Auswirkungen in der sublunaren Welt hervorzubringen, würde dieselbe Konstellation als solche immer die gleichen Auswirkungen hervorbringen, und es wäre unwesentlich, welche Planeten von denselben Aspekten angesprochen wären – Quadrat, Opposition usw.. Dagegen wissen wir aber, daß Jupiter-Quadrat-Mars eine Sache bewirkt, während Saturn-Quadrat-Mars eine andere bewirkt, und der Unterschied liegt hier nicht im Aspekt – der in beiden Fällen derselbe ist – sondern er liegt vielmehr in der unterschiedlichen Natur von Saturn und Jupiter. Darüber hinaus kann die Wahrnehmung eines Gegenstandes anhand einer Fähigkeit nicht erfolgen, ohne daß wir dieser Fähigkeit unser Aufmerksamkeit zuwenden, wie es in unseren eigenen Empfindungen deutlich wird. Aber wie schenken die Fähigkeiten einfacher Leute diesen Dingen Aufmerksamkeit, wenn sie diese nicht kennen und nicht wissen, was eine Konjunktion, Opposition, Trigon oder ein harmonischer Aspekt ist? Oder auf welche Art können die Blinden und die Tauben für diese Dinge empfänglich sein, wenn eine Konjunktion, Opposition oder Quadrat am Horizont erscheint?

Denn da diese Wahrnehmungsfähigkeit, ohne daß man ihr Aufmerksamkeit schenkt, zu Wut, Begierde, Mord oder anderem erregen kann, warum sollte derjenige, welcher die Aufmerksamkeit stärker darauf richtet, nicht wirksamer davon stimuliert werden? Tatsächlich nimmt der Astronom, der mit Sinnen und Intellekt begabt ist, mit seinen eigenen Augen die Konjunktionen und Aspekte der Himmelskörper wahr, jedoch ist er wegen dieser Tatsache nicht zu irgend etwas stimuliert oder angetrieben, wie die

Astronomen das aus eigener Erfahrung wissen und Kepler aus eigner Erfahrung genau wußte – andernfalls wäre die Beobachtung der Sterne gefährlich. Im übrigen müßten dem Menschen zwei Sinnesorgane oder Fähigkeiten zur Wahrnehmung derselben Gegenstände zugestanden werden, wobei die eine für die Gegenstände empfänglich wäre und diese auch wahrnehmen würde, aber nicht davon stimuliert wäre. Die andere Fähigkeit würde dagegen, obwohl nicht empfänglich, diese Gegenstände wahrnehmen und gleichzeitig davon stimuliert werden. Aber diese Postulate sind absurd und bei der Wahrnehmung von Dingen nicht anwendbar. Man ziehe auch die Tatsache in Betracht, daß diese zweite Fähigkeit im Menschen etwas anderes sein müßte als der bloße Intellekt und weit göttlicher und diesem überlegener als das, was Kepler den Planeten oder sogar der Erde zugeschrieben hat. Des weiteren, wenn das *Caelum* bei der Geburt nichts beisteuert, wie kommt es dann, daß der Charakter der Individuen unterschiedlich ist, denn dieser Charakterunterschied würde sich nicht allein aus dieser Fähigkeit ergeben, welche dieselbe für jedes Individuum ist, noch aus dem Unterschied der Samen, was wir früher aufgezeigt haben? Tatsächlich ist der Charakter immer in Übereinstimmung mit dem Geburtshoroskop und der Geborene erhält eine Prägung von der Kraft, welche von den Himmelskörpern ausströmt. Schließlich könnte auf dieselbe Art geleugnet werden, daß die Sonne die Erde und die darauf lebenden Menschen erwärmt, sondern daß jene (Erde und Menschen) tatsächlich durch die ihnen innewohnende göttliche Fähigkeit erwärmt werden, die funktionieren würde, sobald die Sonne präsent wäre; denn warum sollte diese Fähigkeit hinsichtlich der Hitze nicht auf dieselbe Art funktionieren, wie hinsichtlich irgend welcher anderen Einflüsse, die der Sonne beigemessen werden? Aber wenn dem so wäre, würde die Natur tatsächlich keinerlei äußerlich wirksame Ursache beinhalten, und dies ist völlig absurd. Keplers Behauptung, daß die Sterne von sich selbst aus keine Kraft abgeben, ist daher absurd, denn wenn keinerlei Kraft abgegeben würde, wäre die Einprägung der aktiven Qualitäten auf das Individuum, welche wir Charaktereigenschaften nennen, nicht möglich. Wenn transitierende Planeten zu den Radixorten z.B. von Sonne, Mond oder Saturn kommen, stimulieren sie den Geborenen entsprechend der Natur von Sonne, Mond oder Saturn, und es ist daher nötig, daß die Qualitäten dieser Planeten auch nach der Geburt an ihren Radixorten im Horoskop verbleiben müssen, und dies steht im Gegensatz zur Ansicht Keplers.

Dies ist denn unsere Widerlegung zu den Ansichten von Kepler und Bellantius, und wir bestehen darauf, daß die qualitative Kraft der Sonne für ein Individuum in ihrer Radixstellung verbleibt, jedoch nicht durch eine Einprägung – wie Bellantius glaubte – sondern durch eine Determination, welche fortfährt, den Geborenen in solarer Weise zu beeinflussen; und dasselbe trifft für die anderen Planeten zu. Dieses System ist nicht neu und wir möchten wiederholt die Determination des *Primum Caelum* – der Erstursache in der Natur, der alle anderen unterstellt sind, nachdrücklich hervorzuheben.

Die beiden oben beschriebenen Determinationen des *Primum Caelum* sind durch die Planeten und die Fixsterne verursacht, welche das *Caelum* auf besondere Weise und entsprechend der Natur des determinierenden Körpers verändern; aber die Wirkung ist eine universelle. Der Grad des *Primum Caelum* wo beispielsweise Saturn steht, ist dazu determiniert, auf eine saturnale Art zu wirken, aber für einen Menschen nicht mehr als für ein Tier und nicht mehr für ein bestimmtes Individuum als für irgendein anderes. Es ist äußerst bemerkenswert, daß diese Determination die akzidentielle Determination des *Primum Caelum* nicht durch ihre Aufteilung in die Zeichen negiert oder schwächt, sondern daß beide vielmehr eine Wechselwirkung zueinander haben. Wenn z.B. Saturn durch den Löwen geht, zerstört oder unterdrückt er in keiner Weise die Kraft der Sonne, sondern vielmehr sind die Kräfte von Saturn und Sonne beide in der Stellung des Saturn wirksam, gerade so, als ob die zwei Planeten sich tatsächlich in derselben Stellung befinden würden. Es ist deshalb so, daß die Stellung der Sonne im Löwen und des Saturn im Wassermann oder des Jupiter im Schützen usw. so wirkungsvoll sind, denn im Löwen wird die Kraft der Sonne verdoppelt, während im Wassermann die Kraft des Saturn verdoppelt ist, usw.. Auf der anderen Seite sind die Natur und Qualität von Sonne und Saturn einander am meisten entgegengesetzt und wenn Saturn im Löwen ist, ist die Qualität von beiden beeinträchtigt und es geht eine ungünstige Wirkung davon aus. In anderen Kombinationen, die nicht feindlich sind, so wie wenn z.B. Saturn im Schützen oder in den Zwillingen steht, wird daraus eine weniger heftige Wirkung resultieren. Diese Determination des *Caelum* durch Konjunktion der Planeten und anderer Aspekte wird später ausführlicher besprochen werden.

Das *Caelum* ist natürlich durch die Natur der speziellen sublunaren Dinge, welche den Einfluß des *Caelum* aufnehmen, festgelegt. Im Menschen müssen die Wirkungen den Fähigkeiten entsprechen, die menschlichen Wesen eigen sind; bei einem Pferd andererseits müssen die Wirkungen den Fähigkeiten von Pferden entsprechen. Dasselbe gilt im Fall von Pflanzen und Mineralien. Schließlich ist das *Caelum* durch die Lage der verschiedenen Häuser im Geburtshoroskop determiniert und muß akzidentielle Qualitäten und Ereignisse hervorbringen, die dem Individuum entsprechen. Diese Stellung der Häuser macht das Individuum empfänglich für Qualitäten und Ereignisse in Übereinstimmung mit der Natur der Felder. Widder z.B. im ersten Haus macht einen Menschen gereizt, verwegen, freimütig usw.; Stier – sinnlich, Zwillinge – klug; dementsprechend auch für die anderen Zeichen, die im Aszendenten, MC oder anderswo gestellt sind. So können wir sehen, daß die Himmelskörper das Individuum hinsichtlich essentieller Wirkungen aktiv determinieren, diese aber ihrerseits hinsichtlich der passenden akzidentiellen Qualitäten und Ereignisse, passiv determiniert werden. Denn ein Mensch erhält eine

Einprägung des *Caelum*, die ihn einigen akzidentiellen Qualitäten eher unterwirft als anderen und auch unterschiedlichen Reaktionen auf diese Bedingungen. Es sollte bemerkt werden, daß die Bedeutung der Zeichen weiter gesteckt ist als die der Planeten. So geht die Bedeutung des Zeichens Krebs aus der Tatsache hervor, daß der Mond dort im Domizil ist, Jupiter exaltiert und Mars in Triplizität usw. Auch hat der Grad des aufsteigenden Zeichens größere Bedeutung für den Geborenen als der Herr des Aszendenten oder ein Planet im ersten Haus. Dies wird klar, wenn Direktionen auf den aszendierenden Grad fallen, da Aspekte zu diesem Grad stärker sind als solche zum Geburtsgebieter; und dasselbe gilt für das MC.

Kapitel V

DIE AKZIDENTIELLEN DETERMINATIONEN DER PLANETEN UND FIXSTERNE IM ALLGEMEINEN

Die Planeten und Fixsterne als wirksame Ursachen unterliegen verschiedenen akzidentiellen Determinationen.

Erstens werden sie von den Zeichen determiniert. Obwohl die Sonne notwendigerweise in einem Zeichen wirken muß, ist es gleichgültig, ob sie in dem einen oder dem andern wirkt. Daher ist die Sonnenstellung in einem bestimmten Zeichen – so wie Widder – eine Determination ihrer eigenen Aktionsweise, und tatsächlich bewirken die Sonne und das Zeichen Widder gleichzeitig eine Determination aufeinander. Und dasselbe gilt für den Herr des Zeichens, wie auch für das Zeichen selbst, denn das Zeichen wirkt entsprechend der Natur seines Herrschers, da beide von derselben Natur sind. Diese Tatsache bildet die Grundlage aller jener allgemeiner Aphorismen, welche aussagen, was ein Planet in dem Zeichen eines anderen Planeten durch Kombination der Qualitäten bewirken wird. Man sollte jedoch anmerken, daß die Planeten

42

Saturn, Jupiter, Mars, Venus und Merkur jeweils zwei Zeichen haben und die Wirkung der Sonne nicht dieselbe im Wassermann ist wie im Steinbock.

Zweitens wird die Wirkungsweise eines Planeten durch seinen Kontakt mit anderen Planeten und Fixsternen determiniert. Die Wirkungsweise von Saturn z.B. ist für sich selbst indifferent zu Mars, Venus, Stier oder Skorpion, aber wenn er mit einem von diesen in Konjunktion steht, modifizieren sie sich gegenseitig so, als ob sie Partner in der selben Aktionsweise wären. Im weiteren werden diese Determinationen durch Konjunktion oder einen anderen Aspekt im einzelnen besprochen, aber die beiden gerade dargestellten Determinationen sind nur universell, von denen man nichts Spezielles herleiten kann, da sie sich nur auf den kosmischen Zustand des Planeten beziehen und für alle sublunaren Dinge gleich und daher hinsichtlich individueller Dinge indifferent sind. Dennoch können diese beiden Determinationen sowohl die universelle als auch die spezielle Wirkungsweise der Planeten unterstützen oder beeinträchtigen, und auch dies wird im einzelnen später genauer erklärt. Aber diese Tatsache ist Grundstock für all jene Aphorismen der Astrologen des Altertums, die aussagen, was ein Planet in Konjunktion, Sextil, Quadrat, Trigon oder Opposition zu einem anderen Planeten bewirkt. Aber in dieser Angelegenheit irrten sie insofern, als sie aus einer Betrachtung nur des kosmischen Zustandes, der für die gesamte Erde indifferent und universell ist, spezielle oder besondere Wirkungen voraussagten; aber eine solche Voraussage wird falsch sein, wenn nicht auch dem individuellen und irdischen Zustand der Planeten durch Position oder Herrschaft in den Horoskophäusern Beachtung geschenkt wird.

Drittens sind die Planeten durch die Natur der sublunaren Dinge beeinflußt, wie wir schon im Zusammenhang mit dem *Primum Caelum* festgestellt haben; woher das berühmte Zitat von Aristoteles kommt „*Sol et homo generat hominem.*" Es trifft auch zu, da der Sohn eines Königs etwas anderes ist als der Sohn eines Bauern.

Viertens sind die Planeten durch die Häuser determiniert, wie auch umgekehrt; diese Determinationen sind jeweils besonders, weil sie Bezug zu einem speziellen Individuum oder einer speziellen Sache haben.

Darüber hinaus sind die Planeten von den Häusern auf vier Arten determiniert – durch die tatsächliche Stellung in den Häusern oder durch Würden, Aspekt oder *Antiscium*[23] in ihnen. Die Würden sind dreifacher Art d.h., sie können im Domizil, in Exaltation oder in Triplizität innerhalb eines bestimmten Hauses sein. Und wiederum folgen zwei Betrachtungen auf die Determinationen von Herrschaft und Stellung. Erstens sollte den analogen Bedeutungen jedes anderen Planeten Beachtung geschenkt werden, der bei einem bestimmten Planeten steht; wenn z.B. der Herrscher des Aszendenten sich in Konjunktion zur Sonne befinden würde, würde er sich durch diese Determination auch auf das Prestige des Geborenen beziehen. Zweitens sollte den Determinationen dieses anderen Planeten im Horoskop Beachtung geschenkt werden. So würde der Herr des ersten Hauses in Konjunktion zur Sonne, als Herrin des zwölften Hauses, Krankheit oder mächtige, versteckte Feinde ankündigen. Diese Dinge werden später im einzelnen genauer behandelt und wir werden aufzeigen, welche der verschiedenen Determinationen die wichtigsten sind, denn in genau diesen Bewertungen sind die wesentlichen Geheimnisse der Astrologie zu finden, die den Alten gänzlich unbekannt waren.

Später werden wir auch erklären, was ein Planet durch seine Natur und die kosmische Stellung anzeigt, d.h. durch das Zeichen welches er besetzt, den Herrscher dem er untersteht und seine Konjunktion oder Aspekte zu anderen Planeten; und auch das,

---

[23] Antiszien oder Spiegelpunkte. Bezeichnet Planeten, die symmetrisch entlang der Linie 0° ♋ - 0° ♑ einen beidseitig gleichen Abstand haben.

was durch seine Stellung in einem speziellen Horoskophaus oder durch seine Herrschaft in einem bestimmten Haus angezeigt ist. Denn obwohl der kosmische Zustand eines Planeten universell ist und sich gleichermaßen auf alle individuellen und sublunaren Dinge bezieht und daher durch sich selbst nichts Spezifisches für irgend jemand anzeigt, würde eine Betrachtung allein seiner irdischen Stellung in einem individuellen Horoskop keinen Schluß darauf zulassen, was er speziell für dieses Individuum bedeuten könnte, es sei denn das, was durch seinen kosmischen Zustand gezeigt wird, ist schon bekannt. Denn aus der Natur und dem kosmischen Zustand eines Planeten resultiert eine Kombination von Qualitäten, in der die eigene Natur des Planeten vorherrscht aber durch seine kosmische Stellung entweder zum Guten oder Schlechten hin beeinflußt wird, und in Übereinstimmung mit dieser Kombination wirkt der Planet auf ein bestimmtes Individuum durch seine lokale Determination[24] in dessen Horoskop. Daher muß bei der Beurteilung der besonderen Wirkungen der Planeten, deren universeller Zustand zuerst bekannt sein, und dieser ergibt sich aus ihrer Natur und ihrer günstigen oder ungünstigen kosmischen Stellung. Wenn die Sonne im Löwen steht und im Trigon zu Jupiter, und keine Übeltäter dazwischen wirken, sind alle Dinge solarer Natur in der gesamten sublunaren Welt stark von den Qualitäten des Jupiter gefördert und dies schließt jedes Individuum ein, das zu dieser Zeit geboren ist. Aber die Kraft der Sonne ist im Wassermann gemindert oder wenn sie im Quadrat oder Opposition zu den Übeltätern steht, und es resultiert daraus eine Wirkung, die sowohl universell als auch im Einzelfall, für alles was der Sonne untersteht, nachteilig ist; und dasselbe gilt für die anderen Planeten.

---

[24] „lokale Determination" bezeichnet bei Morin den „irdischen Zustand" (*status localis*), womit er in erster Linie die Stellung der Planeten in den Häusern meint.

Kapitel VI

DIE HIMMELSKÖRPER ALS UNIVERSELLE UND ALS SPEZIELLE URSACHE

Es wird von vielen Philosophen und insbesondere von denen, die über Astrologie geschrieben haben, allgemein geltend gemacht, daß die Himmelskörper nur universelle Ursachen sind. Aber das Folgende wird zeigen, daß dies nicht zutrifft. Wenn das *Primum Caelum* als Ganzes betrachtet wird, ist es eine universelle Ursache, weil es nur dadurch die universellste Ursache der Natur ist – seine Kraft trifft mit allen Wirkungen sekundärer oder untergeordneter Ursachen zusammen. Aber das *Primum Caelum* kann auch im Hinblick auf seine Aufteilung in die zwölf Zeichen betrachtet werden, deren Natur durch den Planeten determiniert wird, der das spezielle Zeichen beherrscht. Auf eine Art ist ein Zeichen eine universelle Ursache, wie es das *Primum Caelum* ist, aber ein Zeichen muß wiederum auf zweierlei Weise betrachtet werden. Erstens, wirkt seine Aktion mit jener der ihm unterstellten sublunaren Kraft zusammen, ähnlich einem Zeugungsvorgang bei Mensch oder Tier. Insoweit als die Kraft eines Zeichens dieselbe Wirkung bei Mensch und Tier hervorbringt, ist sie eine universelle Ursache, aber insoweit, als sie zum Ergebnis besonderer Qualitäten beiträgt, die weder Mensch noch Tier beitragen könnten, ist diese Kraft die spezielle Ursache dieser Qualitäten. Es sollte klar sein, daß das *Caelum* und die Sterne in ihrer Macht nicht nur die Kräfte und Wirkungen der sublunaren Körper umfassen, sondern auch eine Kraft aus sich selbst heraus haben, die nicht durch sublunare Auslösungen gesteuert werden kann und daher benötigen sublunare Ereignisse kosmische, da sie durch diese sowohl vervollständigt, als auch beherrscht werden; sogar Aristoteles selbst hat dies festgestellt. Zweitens, sollte die Wirkungsweise eines Zeichens nur insofern als universell angesehen werden, als es seine Kraft, ohne jeden Bezug zu besonderen Wirkungen auf die sublunare Welt, in das gesamte Universum ergießt. Aber ein Zeichen als solches ist keine universelle Ursache, da es nicht mit ihm untergeordneten Ursachen zusammenwirkt, sondern nur mit Partnern – was oben aufgezeigt wurde. Daher ist seine Wirkungsweise eine Einzelursache; und indem es seine Kraft in das gesamte Universum ergießt, spielt es keine Rolle, daß diese Energie zu ein und derselben Zeit die unterschiedlichsten Wirkungen hervorbringt, denn diese Tatsache macht eine Ursache nicht universell.

Es kann eingewendet werden, daß jede Einzelursache einer universellen untergeordnet ist, aber ein Tierkreiszeichen ist keiner universellen Ursache untergeordnet, es sei denn, man sagt, daß das *Primum Caelum* hinsichtlich seiner eigenen Teile eine universelle Ursache ist, was absurd erscheint; daher kann ein Zeichen keine Einzelursache sein.

Ich würde wie folgt erwidern. Erstens, ist das zuvor Gesagte vollkommen falsch; andernfalls müßte Gott, der die einzige Ursache für Gnade ist, einer vorhergehenden Ursache untergeordnet sein. Und das *Primum Caelum* – die Einzelursache seines eigenen Einflusses – wäre irgendeiner höheren natürlichen Ursache untergeordnet, und es müßte eine unendliche Serie von natürlichen Ursachen eingeräumt werden. Dies steht im Widerspruch zu einer Hypothese, welche die Erstursache in der Natur betrifft, und diese Hypothese muß notwendigerweise eingeräumt werden. Zweitens, ist ein Zeichen eine Zweitursache, die einer Erstursache untergeordnet ist, welche ihrerseits universell ist. Noch macht es etwas aus, daß ein Zeichen wesentlich ein Teil des *Primum Caelum* ist, da es formell nicht mehr als einfach nur ein Zeichen ist.

Dasselbe kann hinsichtlich der Planeten festgestellt werden, weil die Zeichen und die Planeten, die ihre Herrscher sind, dieselbe Natur haben. So ist ein Planet, der an der Wirkung irgendeiner sublunaren Ursache mitwirkt, wie z.B. wenn die Sonne bei der Zeugung von Nachwuchs mitwirkt, die universelle Ursache dieser

Wirkung, weil die Sonne zu einer ihr selbst übergeordneten Ursache mitwirkt. Aber wenn sie einem Individuum einen speziellen solaren Charakter verleiht oder Ruhm und Ehre verursacht, (was nur sehr zweifelhaft von Eltern verliehen werden könnte, die entweder Bauern oder zu arm wären,) so muß die Sonne als Einzelursache dieser Wirkungen angesehen werden, weil das nur durch die Kraft oder den Einfluß der Sonne erklärbar ist. Ähnlich, wenn die Sonne ihre Kraft lediglich in das gesamte Universum ausströmen läßt – mit anderen Worten, wenn sie universell wirkt – ist sie die Einzelursache ihrer Wirkungen, wenn keine der Sonne untergeordnete Ursache mitwirkt.

Werden der Mond oder die Erde oder Gegenstände auf der Erde von der Sonne erleuchtet, so sind dies besondere Wirkungen, für die eine besondere Ursache gefunden werden muß, aber da es keine andere Ursache als die Sonne zu geben scheint, muß die Sonne ihre besondere Ursache selbst sein. Und dasselbe gilt für jede andere Form des Einflusses der Sonne oder bei demselben Sachverhalt für andere Planeten und Zeichen.

Dagegen kann eingewendet werden, daß die Wirkungsweise der Sonne, wenn sie im Löwen steht, in diesem Zeichen wie eine universelle Ursache ist, denn Löwe muß seinem eigenen Herrscher, der Sonne, untergeordnet sein, ob die Sonne mit einer ihrer sublunaren Entsprechungen als universell wirkend angesehen wird oder nicht. Aber ich würde erwidern, daß das Zeichen Löwe der Sonne nicht wegen der Natur des solaren Einflusses untergeordnet ist, der für beide derselbe ist, sondern weil die Natur des Zeichens durch die Sonne determiniert wurde. Die Überordnung einer universellen Ursache wird als von der Übergeordnetheit seiner Natur ausgehend verstanden, und eine übergeordnete und eine untergeordnete Ursache sind unterschiedlicher Natur, wobei die letztere der ersteren untergeordnet ist, obwohl beide in ihrer Handlungsweise übereinstimmen können. Daraus schließen wir, daß die Sonne und Löwe als Partner mit derselben Natur wirken, obwohl das Zeichen Löwe wesentlich von der Natur der Sonne determiniert worden ist.

Aus besagten Gründen sind *Caelum* und Sterne manchmal Einzelursachen und manchmal universelle, aber nicht zu allen Zeiten universelle, wie es in der Tat von vielen Schriftstellern festgestellt wurde. Lucio Bellantius behauptet in seiner Widerlegung von Pico della Mirandola in Kapitel 6, daß das *Caelum* eine universelle Ursache sei, weil es gleichzeitig unterschiedliche Wirkungen mit ihm selbst untergeordneten Ursachen hervorruft. Aber er macht das *Caelum* zu einer Einzelursache, wenn es solche Wirkungen hervorbringt, die frei von jeder weiteren Einzelursache sind, so wie jene, die unter verderbten Umständen geboren wurden. Aber der Samen ist in dem verderblichen Umstand und ist mit einer aktiven Kraft ausgestattet. Aber die gleichzeitige Vielfalt und Unterschiedlichkeit der Wirkungen selbst machen die Ursache nicht zu einer universellen.

Kapitel VII

DIE HIMMELSKÖRPER SIND SOWOHL ZEICHEN ALS AUCH URSACHEN VON AUSWIRKUNGEN AUF DIE SUBLUNARE WELT

Eine Ursache ist, was eine Auswirkung hervorbringt, sei es durch ihre eigene Kraft, so z.B. wenn die Sonne die Erde erhellt oder durch eine andere Kraft wie ein planetarer Aspekt, wo die Auswirkung von dem Planeten abhängt, der ihn formt, wie es in Teil 2, Kapitel VII beschrieben wird. Auf der anderen Seite ist ein Zeichen, was sich den Sinnen zeigt oder, falls es den Sinnen nicht zugänglich ist, sich dem Verstand zeigt, wie z.B. das Weinlaub vor einem Geschäft anzeigt, daß hier Wein zum Verkauf ist. Die Bedeutung eines Zeichens besteht nicht in dem, was sich einem Sinnesorgan zeigt, (weil ein Zeichen nicht einfach eine Darstellung um seiner selbst willen ist) sondern in dem, was dem Verstand dadurch deutlich gemacht wird. (Die Sinne nehmen ein Zeichen wahr, aber der Verstand interpretiert es und sagt erst, daß es dieses Zeichen ist) Des weiteren gibt es drei Arten von Zeichen: diagnostische, prognostische, und erinnernde. Diagnostische Zeichen sind Zeichen von etwas Gegenwärtigem, so wie die Beobachtungen, aus denen ein Arzt die Art der vorliegenden Krankheit diagnostiziert. Prognostische Zeichen sind Zeichen von etwas Bevorstehendem, so wie die Beobachtungen, aus denen ein Arzt den Tod oder die Genesung eines Patienten voraussagt oder aus denen ein Seefahrer einen Sturm auf See voraussagt oder ein Landwirt die Unfruchtbarkeit oder Fruchtbarkeit des Landes. Erinnernde Zeichen sind Zeichen von etwas Vergangenem, wie Asche ein Zeichen eines vorhergegangenen Feuers ist oder die Spur eines Wolfes ein Zeichen dafür ist, daß ein Wolf zuvor vorbeigegangen ist.

Es gibt Leute, die aufgrund der Passage bei Jeremias 10,2, die da besagt *„erschreckt nicht vor den Zeichen des Himmels"*, der Meinung sind, daß die Planeten keine wahren Zeichen für zukünftige Ereignisse seien. Aber die „Zeichen des Himmels" in dieser Bibelstelle beziehen sich nicht auf die Planeten, sondern auf die Götzenbilder aus Holz und Gold, welche die Babylonier in jener Zeit verehrten, wie es aus den häufigen Feststellungen in jenem Kapitel ersichtlich wird, das sich deutlich auf die Götzen bezieht und nicht auf die Himmelskörper. Wieder andere Personen sind ganz gegensätzlicher Meinung, daß die Planeten nämlich nur die Zeichen von Auswirkungen auf der Erde seien, und nicht deren Ursache. Aufgrund des ersten Kapitels der Genesis, wo geschrieben steht: *„Dann sprach Gott: »Es sollen Leuchten werden am Gewölbe des Himmels, um zu scheiden zwischen der Nacht und dem Tag, und sie sollen als Zeichen dienen sowohl für die Festeszeiten als auch für die Tage und Jahre!« Und es geschah so."*[25] Auch Kepler scheint dieser Ansicht gewesen zu sein, als er feststellte, daß Planeten in Konjunktion,

---

[25] Genesis 1,14 zitiert nach: Die Heilige Schrift (Aschaffenburg / Stuttgart 1966).

Quadrat oder Opposition die Welt nicht dadurch bewegen, daß sie ihre Macht direkt ergießen, sondern daß sie vielmehr nur die vegetative Natur der Tiere und Pflanzen beeinflussen – und auf dieser Welt als ganzes – so wie Objekte auf die Sinne wirken. Keplers Ansicht ist bereits widerlegt worden und es ist auf jeden Fall sicher, daß die Sonne nicht ein Zeichen des Tages oder des Jahres ist, sondern vielmehr deren Ursache, denn sie bewirkt sowohl den Tag als auch das Jahr, noch ist die Sonne einfach ein Zeichen des Tages, den sie verursacht, denn, wie wir festgestellt haben, besteht die Bedeutung eines Zeichens in dem, was es dem Intellekt vermittelt, das den Sinnen selbst aber unbekannt ist; da jedoch beide, der Tag wie auch das Jahr, den Sinnen deutlich werden, ist die Sonne nicht ein Zeichen dieser Phänomene, sondern deren Ursache.

Deshalb sollten wir, wenn die Heilige Schrift sagt, „Die Sonne und der Mond sind gesetzt als Zeichen", einsehen, daß sie Zeichen für etwas anderes sind als Tage, Jahre oder Jahreszeiten, und wir können daraus schließen, daß sie Zeichen von anderen Auswirkungen sind, die in der sublunaren (irdischen) Welt vorkommen. Kepler selbst hätte diesem Punkt zugestimmt, vorausgesetzt, daß Sonne und Mond nicht als Ursachen für diese Auswirkungen angesehen würden, sondern nur als objektiver Stimulus (Antrieb) einer speziellen Kraft innerhalb der Natur. Jedoch widerspricht er sich bis zu einem Grade selbst, wenn er zugesteht, daß eine Einprägung der gesamten Konstellation der Planeten auf diese spezielle, sensible Kraft gemacht wird, und in dem Organismus fortbesteht und ihn zu Handeln anregt. Denn es ist notwendig, daß eine beständige Reizkraft zu dieser Konstellation gehört, so daß eine Reaktion entsteht, wenn die Planeten durch Direktion oder Transit zu ihren wichtigsten Positionen gelangen. Da der Charakter dieser Konstellation aus dem Himmel hervorgeht und diesen Kräften eingeprägt ist, muß ihre Reizkraft deshalb weiter ausströmen, und dies steht im Gegensatz zu Keplers Ansicht. Aus diesem Grund bleiben wir dabei, daß der Himmel die natürliche

Ursache dieser irdischen Auswirkung ist, weil die Ursache einer weiteren Ursache die tatsächliche Ursache von dem ist, was letztlich hervorgebracht wird. Zusätzlich ist in Betracht zu ziehen, daß eine angenommene Kraft durch diese Prägung zur Aktion angeregt werden muß, nicht nur in den Angelegenheiten, wie Kepler sagt, die unter ihrer Kontrolle sind, sondern auch zur Entstehung solcher Dinge wie Gebrechen oder Unglücke, wodurch sowohl der Mensch, wie auch die Kraft selbst zerstört würden; noch würde der Intellekt oder die Vernunft des Menschen in der Lage sein, diese Ergebnisse zu verhindern, da diese Kraft von beiden unabhängig sein müßte.

Folglich müssen wir es als erwiesen erachten, daß die Planeten und Zeichen die tatsächlichen Gründe für sublunare Auswirkungen sind; und dies steht im Gegensatz zu der Auffassung von Cardanus, der im LIBER DE INTERROGATIONE, QUEST. 13, feststellt, daß nur die Sterne Ursachen sind, aber nicht die Zeichen. Die Planetenstellung bei der Geburt eines Menschen ist ein tieferes Zeichen seines Charakters und seiner physischen Erscheinung. Diese bilden sich jedoch tatsächlich schon vor der Geburt heraus und die Möglichkeit, die Natur des Charakters und der physischen Konstitution zu bewerten, die der Geburt vorausgingen, bedeutet, daß das Horoskop ein erinnerndes Zeichen dieser Erscheinungsformen ist, aber nicht ihre Ursache, da sie dem Horoskop zeitlich vorausgingen.

Darüber hinaus ist dasselbe Horoskop ein diagnostisches Zeichen des Charakters und der physischen Erscheinung des Geborenen soweit diese jetzt vollständig und vollendet sind, aber auch von den ethischen Anlagen, den geistigen Fähigkeiten und der gesamten Disposition, die jetzt den verschiedenen Wechselfällen des Lebens ausgesetzt sind. Dies ist so, weil der Charakter und die physische Erscheinung der Geburt zwar vorangehen, sie durch die Disposition des Himmels aber zur Vollendung gebracht werden, der zur gegebenen Zeit das Kind aus dem Mutterleib, in

Übereinstimmung mit seinem Schicksal, hervorbringt. Und – als ob es so wäre – dem Geborenen wird ein Siegel aufgedrückt, das eine Darstellung der Natur, des Zustandes, der Lage und der besonderen Bestimmung der Himmelskörper ist. Daher ist das Horoskop für den Augenblick der Geburt nicht nur ein Zeichen dieser Dinge, durch die sie erkannt werden können, sondern es ist insofern auch ihre Ursache, als die Gestaltung des Körpers und des Charakters durch die Gestirnung vollendet und bestimmt werden.

Schließlich ist dasselbe Horoskop für den Geborenen aufgrund der Unterwerfung unter das oben erwähnte Geschick und Schicksal, auch ein prognostisches Zeichen von künftigen Ereignissen, denn der Planetenstand, der den Geborenen unterworfen hält, beinhaltet auch potentielle Ereignisse, die zu gegebener Zeit durch Direktionen, Transite und Revolutionen ausgelöst werden, was im Einzelnen später erklärt wird. Es sollte deshalb klar sein, daß das Horoskop nicht nur ein prognostisches und diagnostisches Zeichen ist, sondern auch die Ursache der Dinge, für die es ein prognostisches und diagnostisches Zeichen ist; denn wenn es nicht die Ursache wäre, könnte es auch nicht das Zeichen sein und im gleichen Masse wie es die Ursache ist, ist es auch das Zeichen. Denn, wenn das Horoskop nicht eine wirksame Ursache ist, wie geschehen sonst diese Dinge in Übereinstimmung mit dieser Gestirnung? Da jedoch eine Ursache nur in Übereinstimmung mit der Disposition des Subjektes wirkt, folgt daraus, daß es möglich ist, der Bedingung des Himmels zu widerstehen wie es Ptolemaeus selbst in Aphorismus 5 des CENTILOQIUMS zum Ausdruck gebracht hat, als er sagte: *„und es vermag ein Wissender viele Einflüsse der Gestirne allein daraus abzuleiten, daß er gründlich ihre Natur erkannt hat, und sich selbst vor der Verwirklichung aller Ereignisse für sie zu rüsten.“*[26] Daher sind diese Zeichen oder Ursachen keines-

---

[26] Claudius Ptolemaeus. *Das Centiloquium oder die hundert Sentenzen* übersetzt von Erich M. Winkel in: Tetrabiblos, Berlin 1923, p. 130.

wegs unvermeidlich – wie viele glauben und welcher Irrtum auch von der Kirche mißbilligt wird. Es erscheint auch klar, daß dasselbe Horoskop gleichzeitig die eigentliche Ursache derjenigen Dinge ist, für die es seinerseits ein diagnostisches Zeichen ist und eine potentielle Ursache für jene Dinge, für die es ein prognostisches Zeichen darstellt, was in der Diskussion über Direktionen und Transite genauer ausgeführt ist. Angenommen die Sterne bringen tatsächlich das hervor, was sie anzeigen, dann werden die Planeten, welche zum Beispiel Signifikatoren für Tod sind, dieses Ereignis entweder durch eine Direktion oder eine Wiederkehr hervorbringen; und das gleiche gilt für alle Zusammenhänge.

Es kann nun eingewendet werden, daß Mars als Herrscher des Aszendenten, falls er ungünstig im achten Haus steht, sicher auf einen gewaltsamen Tod des Geborenen hindeutet. Aber Mars selbst tötet den Geborenen nicht, was ja ganz offensichtlich ist und von daher sei er nur ein Zeichen und nicht eine Ursache. Ich würde erwidern, daß Mars den Geborenen nicht direkt sondern indirekt tötet, denn sein Einfluß auf den Geborenen macht ihn zum Subjekt eines gewaltsamen Todes, wobei er ihn selbst durch gerade diesen Einfluß herbeiführt; deshalb ist Mars der Grund für die Ursache des Todes des Geborenen.

Nun wollen wir uns fragen, ob die Sterne mit Sicherheit die Ereignisse im Leben eines Individuums anzeigen. Ich glaube, die Antwort lautet „nein", sonst müßte ein unerbittlicher Fatalismus zugegeben werden und die oben getroffene Feststellung von Ptolemeus wäre nicht richtig. Denn die Sterne zeigen nicht den möglichen Widerstand eines Menschen gegen ihre Macht durch Vorsicht und vorausschauend erleuchtete Vernunft an; sie können zum Beispiel eine Krankheit oder einen Streit zu einer bestimmten Zeit zeigen, aber sie können nicht gleichzeitig zeigen, daß der Streit vermieden wird oder daß durch Vorsicht oder die Einnahme der richtigen Medizin die Gesundheit des Menschen sichergestellt werden kann. Es ist eine Tatsache, daß von den Dingen, die einem

Menschen in seinem Leben widerfahren können, einige nicht in seiner Macht stehen – etwa die Geschwister, die Feinde, sein Tod – während andere durchaus in seiner Macht liegen, indem sie von seinem freien Willen abhängen – wie seine Verlobten, Kinder, Diener, Frau, Rechtsstreitigkeiten, Kämpfe, Reisen und berufliche Ehren. Diese Dinge sind dem Geborenen nicht zugehörig, da er sie betreffend in der Lage ist, eine freie Entscheidung zu treffen und sie vermeiden oder ablehnen kann, obwohl der Einfluß der Sterne ihn sehr geneigt machen wird, anders zu handeln.

Aber die Hinweise der Sterne machen den Geborenen so stark geneigt oder anfällig, daß zumindest die Geneigtheit mit beträchtlicher Sicherheit geltend gemacht werden kann. Und von den möglichen Auswirkungen, die aus einer solchen Geneigtheit folgen, werden sich diejenigen, welche nicht in der Macht des Geborenen liegen mit größter Sicherheit ereignen, während diejenigen, welche von seinem eigenen Willen abhängen, einen zweifelhaften Ausgang haben werden. Da jedoch die meisten Geborenen sich gewöhnlich in ihre Gestirnsposition einfügen und da der Mensch gewöhnlich unwissend darüber ist, was er selbst ist – das heißt, seine eigene Natur als auch die Dinge, die ihm zuzustoßen bestimmt sind – tut er nicht genügend, sich unerfreulichen künftigen Ereignissen zu widersetzen. Und da es mühsam ist, seinen natürlichen Neigungen zu widerstehen, nehmen sehr wenige den Kampf auf und noch weniger bleiben mit Beständigkeit daran. Daher erfüllen sich astrologische Voraussagen häufig; denn untergeordnete und einzelne Ursachen folgen klar der Macht übergeordneter und universeller Ursachen – dies ist ein Naturgesetz – obwohl alle Voraussagen tatsächlich bloße Mutmaßungen sind und niemand irgend etwas mit Bestimmtheit voraussagen kann.

Daher können wir schließen, daß der Einfluß der Planetenstellung zum Zeitpunkt der Empfängnis die tatsächlich wirksame Ursache des Charakters und der physischen Erscheinung des Geborenen ist, die ihren Ursprung in diesem Augenblick haben. Und die Konfiguration des *Caelum* zum Zeitpunkt der Geburt ist ein erinnerndes Zeichen desselben Charakters und der physischen Prägung, die früher begannen, ein diagnostisches Zeichen dessen, was jetzt beendet und vervollständigt wird und ein prognostisches Zeichen der Dinge, die bezüglich dieser vervollständigten Konstitution kommen werden. Sie ist jedoch nicht Ursache vergangener Dinge oder auf irgendeine Art ein Horoskop für diejenigen, die vor dem Horoskopeigner geboren sind, wie sein Vater, seine Mutter oder ältere Geschwister usw., sondern nur eine Ursache von gegenwärtigen und zukünftigen Angelegenheiten. Sie (die Gestirnung) ist tatsächlich die Ursache der Körpergestalt, des Charakters und der geistigen und moralischen Qualitäten; aber für kommende Dinge bleibt sie eine potentielle Ursache, die sich zu gegebener Zeit durch tatsächliche Ursachen verwirklichen; aber wenn diese letzteren ausbleiben oder gegensätzlich in Erscheinung treten (wenn z.B. eine Krankheit durch entsprechende vorbeugende Maßnahmen verhindert wird) wird diese Ursache nicht zur Aktion gebracht und an ihrer Auswirkung gehindert. Es bleibt jedoch nach wie vor eine Ursache, denn es war zu dieser Zeit zwar in dem Geborenen nicht abwesend oder in seinen Angelegenheiten unwirksam, aber es fehlte einfach die Mitwirkung einer weiteren Ursache oder es wurde durch anderes vereitelt, was beispielsweise der Fall wäre bei vorangehender Gnade. Daher ist die Konstitution der Geburt ein prognostisches Zeichen für Ereignisse, die in der Zukunft kommen – wenn sie nicht irgendwie verhindert werden – aber auch eine Ursache für diese Dinge, wenn sie eintreffen.

Kapitel VIII

Das Ausmass der gesamten Mitwirkung des *Caelums* bei jeder sublunaren Wirkung

Die Vorstellung, daß der gesamte Himmel zu jeder irdischen Auswirkung beiträgt, wurde von Pico della Mirandola und anderen Verleumdern der Astrologie vertreten, welche die grundlegenden Prinzipien nicht kannten, und als solches ist dies falsch.

Wenn ein Individuum in seiner Ganzheit betrachtet wird – d.h. sowohl entsprechend seiner Anlagen, wie zum Beispiel seine moralischen und geistigen Fähigkeiten, sein Charakter usw., als auch in Anbetracht der Dinge, die von außen wirkend sind, wie seine Verlobten, Geschwister, Eltern, Kinder, die Religion und den verschiedenen Bedeutungen der den anderen Häuser entsprechenden Qualitäten – ist es sicher, daß das gesamte *Caelum* in zwölf Teile oder Häuser aufgeteilt ist, um die vollkommene Wirkung entsprechend der Bedeutung eines jeweiligen Hauses hervorzubringen, mit allen seinen unterschiedlichen Erfahrungsmöglichkeiten.

Aber falls eine solche Gesamtwirkung nur hinsichtlich eines Teilaspekts in Betracht gezogen worden ist, der tatsächlich oder nur potentiell innewohnt, der äußerlich nicht zugehörig oder innerlich zugehörig ist, (beispielsweise wenn ein Individuum nur im Sinne von seinen geistigen Fähigkeiten oder nach seinen Partnern oder seinem Beruf oder seinen Kindern usw. betrachtet wird), dann trägt das gesamte *Caelum* nicht zu dieser speziellen Wirkung bei, sondern nur das Zeichen, die Planeten und die Fixsterne, die durch ihre Position, den Herrscher oder die Aspekte jenes Haus besetzen, zu dem diese Wirkung gehört (einschließlich der Planeten, die sich durch Analogie auf diese Wirkung beziehen). Wenn zum Beispiel die Heirat eines Menschen alles ist, was wir betrachten wollen, so wirken bei dieser Angelegenheit nur die Teile des

Caelum und die Sterne mit, die durch die Determination der Position, des Herrschers oder des Aspekts einen Bezug zur Heirat haben, aber nicht der gesamte Himmel, noch alle Sterne.

Zweiter Teil

Die akzidentiellen Determinationen der Planeten und ihre Wirkung auf die sublunare Welt

Kapitel I

DIE AKZIDENTIELLE DETERMINATION DER PLANETEN DURCH STELLUNG UND BEHERRSCHUNG IN DEN HÄUSERN

Diese beiden Determinationsmethoden haben eine größere Wirkung als alle andere, und die wirksamere der beiden ist die Stellung eines Planeten in einem speziellen Haus. Deswegen werden diese beiden Methoden also als erstes betrachtet. Alles was auf der Erde in Erscheinung tritt, wird durch höhere Ursachen hervorgebracht – d.h. durch den Himmel und die Sterne – wie Aristoteles selbst angedeutet hat, als er sagte: „Die untere Welt grenzt an die oberen Regionen an, welche all ihre Aktivitäten beherrschen", und an einer anderen Stelle: „Die Sonne und der Mensch erzeugen den Menschen". Der Mensch wird jedoch die Bedingungen der Himmelskörper dadurch verstehen lernen, daß er sie genau beobachtet und studiert und mit dem dadurch erworbenen Wissen wird es möglich, künftige Dinge vorauszusagen; wenn nämlich bestimmte himmliche Ursachen in der Vergangenheit stattgefunden haben und die daraus resultierenden Ursachen bekannt sind – wie Eklipsen oder die Konjunktion von Planeten im selben Zeichen – ist es möglich genau einzuschätzen, was diese Dinge hervorbringen, wenn sie sich in der Zukunft wiederholen. Und man kann annehmen, daß diese Ursachen derartige künftigen Ereignisse anzeigen werden oder daß solche Ereignisse stattfinden sollen, denn man kann davon ausgehen, daß sie nur durch ihre Auswirkungen etwas anzeigen und falls sie nichts bewirken sollten, könnte nicht berechtigterweise behauptet werden, daß sie irgend etwas anzeigen (s. Kapitel VII).

Darüber hinaus hat jeder Planet eine einzigartige und grundsätzliche Qualität, deren Kraft sich über die gesamte Welt erstreckt und durch die seine Wirkungen erfüllt werden; diese Energie muß auf zwei Arten betrachtet werden. Erstens ist sie absolut und betrifft daher alle individuellen Angelegenheiten in der sublunaren Welt umfassend und ohne Unterschied. Zweitens durchdringt und offenbart sich diese Kraft in allen Dingen. Aber diese Kraft des Planeten wird durch das empfangende Objekt in folgender Weise bedingt oder geändert: obwohl die Energie der Sonnenstrahlen für einen Menschen oder eine Pflanze zum Zeitpunkt ihres Entstehens jeweils dieselbe ist, so hat sie dennoch nicht dieselben Auswirkungen bei einem Menschen oder einer Pflanze aufgrund der unterschiedlichen Natur der Objekte, die von dieser Kraft berührt werden. Denn die Sonne zeitigt verschiedene Wirkungen bei unterschiedlichen Arten von Objekten, obgleich bei jedem auf seine Art und Weise.

Weiterhin gilt, daß diese universelle Kraft darüber hinaus, obwohl sie durch den Menschen bei seiner Geburt bedingt wird, nicht jeden Geborenen auf die gleiche Weise betrifft– nicht einmal diejenigen, die zu derselben Zeit geboren sind. Denn zweifellos wird sie nicht von jedem Individuum auf genau dieselbe Weise umgesetzt, noch bezieht sich ein Planet normalerweise auf jedes Individuum in der gleichen Weise, denn für den einen Menschen ist diese Kraft im ersten Haus lokalisiert, für einen anderen im zweiten und wieder für einen anderen im dritten, usw.. Oder für jemanden ist diese Kraft der Herr des ersten Hauses, für einen anderen ist sie der Herrscher des zweiten, für wieder einen anderen der Herrscher des dritten, usw., so daß für jeden einzelnen Menschen durch ein und denselben Planeten unterschiedliche Auswirkungen entstehen werden.

Deshalb folgt daraus, daß die Sonne nicht die Ursache für all die zufälligen Qualitäten und Gegenwarts- und Zukunftsereignisse einer gegebenen Individualität sein kann, denn all diese zufälligen Qualitäten und Ereignisse gehören nicht ausschließlich zu einem Haus des Horoskops, sondern zu allen zwölfen. Die Sonne kann nicht, weder durch ihre Positionierung noch durch ihre Herrschaft, gleichzeitig Hinweis auf all diese Qualitäten und Ereignisse geben; deshalb stehen die Auswirkungen der Sonne nur im Zusammenhang mit ihren eigenen speziellen Determinationen, während andere Auswirkungen sich durch die Kräfte der anderen Planeten und aufgrund entsprechender Determinationen ereignen. Folglich hat das ganze Horoskop für den Geborenen Bedeutung, da er das Subjekt der zufälligen Bedeutungen seiner zwölf Häuser ist, und es wirkt sich beeinflußt in Form dieser zufälligen Bedeutungen aus. Das Horoskop, als ein Ganzes betrachtet, so behauptet Pico, verursacht keine spezifische Qualität und kein Ereignis, aber tatsächlich verursacht jedes der Horoskophäuser diese Zufälligkeiten aufgrund der Bedeutungen, die *das Caelum* ganz speziell in jenem Haus voraussetzt. Wenn die Sonne oder der Herr des Sonnenzeichens im ersten Haus steht, wird sie sich auf die physische Konstitution und den Charakter des Geborenen auswirken. Und Jupiter oder sein Herrscher im zehnten Haus wirkt sich auf die Karriere und das Ansehen des Geborenen aus, während wenn Mars oder dessen Dispositor im achten Haus sich auf die Umstände, die zum Tode des Nativen führen, auswirkt. Und obwohl der Tod, andere Ereignisse oder Charakterzüge, welche die, Kinder oder den Ehegatten des Geborenen betreffen, eindeutig eine größere Bedeutung für eben jene, als für den Horoskopeigner selbst haben, so ist es nichtsdestoweniger dennoch möglich, aus seinem Horoskop diese betreffend etwas zu folgern, denn das schicksalhafte Geschehen der dem Geborenen nahestehenden Personen hat gleichzeitig Wichtigkeit für ihn selbst.

Es muß nun klargestellt werden, daß die Horoskophäuser (1-12), da sie kaum Teile des die Erde umschließenden Raumes sind, weder die Ursache sind, noch streng genommen die Signifikatoren der zufälligen Eigenschaften, die ihnen zugeschrieben werden. (Weil Raum nicht aktiv sein kann, weil es nur ein leerer Raum ist). Statt dessen sind sie vielmehr die Faktoren, welche die Qualität der Zeichen, Planeten oder Fixsterne verändern oder abgrenzen, so daß sie eine Art von zufälliger Qualität oder Ereignis im Leben des Nativen hervorrufen, entsprechend den wesentlichen Attributen dieser Häuser. Denn die Räume selbst besitzen keine determinierende Kraft und das erste Feld zeigt, richtig gesprochen, nicht die physische Konstitution und Lebensdauer an, sondern liefert statt dessen vielmehr eine spezielle Determination hinsichtlich der physischen Konstitution und Lebensdauer; das zweite Haus ergibt eine spezielle Determination bezüglich des Geldes, und so weiter für die anderen Häuser.

Aber weder sind die sekundären Häuser – d.h. die Teile des *Caelums* oder die Zeichen, welche die primären Häuser besetzen – die Signifikanteren der zufälligen Qualitäten und Eigenschaften, welche den Horoskophäusern beigemessen werden, noch sind es die Planeten in ihnen oder deren Herrscher über die Zeichen. Denn die Himmelskörper zeigen nichts Gegenwärtiges oder Künftiges an, außer insoweit als sie bewirken, was von ihnen gesagt wird. So hat das Zeichen Steinbock oder Saturn im ersten Feld oder Saturn als Herr des ersten Hauses, nicht immer die Auswirkung, Leben zu gewähren, sondern er zerstört oder verleugnet es manchmal auch. Und Saturn oder Steinbock im zehnten Haus verleiht manchmal Ehren und hohe Ämter und versagt sie andererseits auch. Deshalb hat ein Himmelskörper im ersten Feld genau genommen kaum eine Bedeutung für die Lebensdauer oder den Charakter oder im zehnten Haus für den Beruf oder Prestige, usw.

für die anderen Häuser. Die Planeten zeigen nicht, daß der Geborene mit Sicherheit etwas erlangen wird, sondern eher, ob er es haben kann oder nicht, denn dies ist es, was hauptsächlich durch einen Planeten in einem Haus, seinen Herrscher und dessen kosmische Stellung angezeigt werden kann. Daraus kann man ersehen, ob er es erlangen wird, aber auch bis zu welchem Grad und auf welche Weise dieses sich verwirklichen wird.

Die Planeten bezeichnen sodann durch ihre Determinationen eine spezielle Art von innewohnenden, zufälligen Qualitäten oder einige zukünftigen Ereignisse, aber auch das Ausmaß und das Wesen der Determinationen. Diese Umstände werden verdeutlicht durch die Natur und Stellung der Planeten, die in den Häusern stehen, die sich auf die Erfahrungen beziehen oder welche über diese Häuser regieren sowie von jenen Aspekten, welche diese Planeten möglicherweise empfangen. Deshalb wird die Sonne, wenn sie durch ihre Stellung, Herrschaft oder Aspekte Freunde anzeigt, so werden sich Freunde unter Königen, Prinzen oder einflußreiche Personen zeigen. Ein durch lokale Determination auf Krankheit gerichteter Saturn zeigt an, daß die Gebrechlichkeit saturnaler Natur sein wird. Dasselbe bewahrheitet sich für die Herrscher des ersten, zehnten oder anderer Häuser, weil ein Planet bei Herrschaft über ein Haus dieselben Dinge anzeigt, wie wenn er in diesem Haus selbst stehen würde, da die Aktivkraft eines Zeichens von der Qualität seines Herrschers ausgeht, wie wir früher bereits festgestellt haben.

Deshalb ist klar, daß ein Planet im siebten Haus den Ehepartner, offene Feinde und Rechtsstreitigkeiten anzeigt; dies wird sich für jeden Planeten bewahrheiten, der im siebten Haus steht oder Bezug auf dieses Haus durch irgendwelche anderen Determinationen nimmt, und es ist darüber hinaus möglich, von diesen Faktoren zu lernen, ob der Horoskopeigner mit diesen Situationen zusammentreffen wird oder nicht, auf welchem Weg und mit welchem Maß an Erfolg. Folglich ist bei der Betrachtung der Ehe beispielsweise das Wesen des Planeten selbst schon ein Hinweis, denn Jupiter und Venus im siebten Haus zeigen eine glückliche Heirat; Saturn und Mars verhindern die Ehe oder nehmen den Ehepartner oder bringen Unglück, Hindernisse oder Verzögerungen in Verbindung mit den Partnern. Diese Geschicke können auch aus dem Tierkreiszeichen im siebten Haus und dessen Herrscher gefolgert werden, aus der Position eben dieses Herrschers im Bezug zur Sonne und anhand seiner Aspekte zu anderen Planeten – besonders zum Herr des siebten oder ersten Hauses. Ferner auch durch die Herrschaft über irgendein anderes Haus durch einen Planeten, der gerade im siebten Haus steht, denn wenn ein Planet im siebten der Herrscher vom zwölften Haus ist, sagt dies etwas anderes über Ehe, offene Feinde oder Rechtsangelegenheiten aus, als wenn er der Herrscher des zehnten Hauses gewesen wäre; und dasselbe gilt selbstverständlich für die anderen Häuser. Die Bewertung des Herrschers des Zeichens des siebten Haus verhält sich ähnlich, da es sein kann, daß der Dispositor eines Planeten im siebten Haus selbst nicht auch diesem steht; denn ein Planet wirkt immer entsprechend seiner eigenen Natur und seiner speziellen Determinationen insbesondere derjenigen der Häuserstellung und der Herrschaft. Infolgedessen ergibt Mars oder sein Herrscher im elften Haus, militärische Freunde oder berühmte Freunde oder stört Freundschaften durch Streitereien, abhängig davon, ob seine kosmischer Zustand günstig oder ungünstig ist; Saturn im zwölften Haus ergibt saturnale Krankheiten usw. für die anderen Planeten oder Häuser.

Darüber hinaus zeigt die Erfahrung, daß der Aszendent oder ein Planet im ersten Haus oder der Dispositor dieses Planeten, sich auf die physische Konstitution beziehen, während das MC oder sein Herrscher oder ein Planet im zehnten Haus, sich auf Karriere und öffentliche Ehren beziehen und diese werden gleichermaßen als Signifikatoren dieser zufälligen Qualitäten oder Ereignisse angesehen. Deshalb wird die Sonne im zehnten Haus aufgrund ihrer essentiellen Natur und ihres kosmischen Zustandes das künftige Ergebnis dieser Zufälle zeigen und sie kann auch die Ursache der Umstände aufgreifen, die mit irgendeiner zufälligen Begebenheit bezüglich des zehnten Hauses in Verbindung stehen, sei es sogar ihre Unmöglichkeit oder andere Änderungen von Umständen.

Wenn wir sagen, daß der Aszendent die physische Konstitution darstellt, dann verstehen wir darunter jenen Teil des Himmels, welcher die Spitze des ersten Feldes besetzt und nicht das erste Feld selbst. Denn im Hinblick auf gesundheitliche Fragestellungen wird der Aszendent durch Direktionen bewegt, und die direktionale Bewegung ist für jeden Punkt der Ekliptik in eben diesem ersten Feld bei derselben geographischen Breite unterschiedlich. Die Spitze dieses Feldes hat keine Bewegung, einfach weil Raum unbeweglich ist. Deshalb überquert Saturn z.B. den Aszendenten nicht auf die gleiche Weise, wie der östliche Horizont durch Primärbewegung die Spitze des ersten Feldes durchquert, sondern durchschreitet nur mit der sekundären Bewegung, die seinem Lauf eigen ist, den Teil des Himmels, den das erste Feld zur Zeit seiner Geburt besetzt hat. Schließlich ist die Spitze jenes ersten Feldes oder Hauses nicht wirkend, sondern nur determinativ, während das Zeichen oder der Teil des Himmels, welcher dieses Feld besetzt, entsprechend seiner eigenen Natur und Determination Wirkungen zeigt. Deshalb erzeugt Widder am Aszendenten eine Wirkung und Stier eine andere, sei es im Radix oder durch Direktionen. Und so ist die Direktion des Aszendenten in der Waage zu Mars ungünstiger als wenn der Aszendent im Widder steht.

Die Himmelskörper wirken vierfach auf die individuellen Angelegenheiten der sublunaren Welt. Erstens indem sie die zufälligen Dinge, auf die sie sich durch ihre Determination beziehen, verwirklichen. Zweitens dadurch, daß sie diese Verwirklichung unterbinden. Drittens durch Wegnahme und Zerstörung dessen, was gewährt worden ist (was zwischen Verleihen und Verweigern liegt). Oder viertens durch Einwirken auf verschiedene Weise auf das, was dem Geborenen verliehen worden ist – sei es gut oder schlecht – durch günstige oder ungünstige spätere Umstände. Zum Beispiel können Kinder willkommen sein oder aber abgelehnt werden oder jene, die gewollt wurden können weggenommen werden oder sie werden während der Lebenszeit des Vaters eine glückliche oder unglückliche Entwicklung nehmen. Daraus wird klar, daß das Wegnehmen von etwas zum endgültigen Ausgang einer so verliehenen Sache gehört; so geben bereits erlangte berufliche Ehren Anlaß zu der Frage, ob sie von Dauer und Stabilität sind oder nicht. Jedoch bedeutet das Verweigern von etwas – so wie Reichtum – nicht nur, daß es für den Geborenen keinen Reichtum durch eigenes Bemühen geben wird, sondern dies bedeutet auch, sollte er Vermögen durch Erbschaft von seinen Eltern erlangen, daß er dieses Vermögen wieder verschwendet und Armut folgen wird. Gleichermaßen, wenn die Ursachen, welche Geschwister verweigern, gegeben sind, wird der Geborene nicht nur keine haben, die jünger sind als er, sondern auch die älteren werden sterben, wie es im Geburtshoroskop von Louis Tronson[27] gezeigt ist, der Mars und Saturn im dritten Haus hatte und welcher der jüngste und schließlich der einzige Überlebende von zwölf Geschwistern war. So muß daher die Möglichkeit dieser verschiedenen Situationen sorgfältig studiert werden und wenn es davon mehrere zu geben scheint, so muß die verhältnismäßige Stärke ihrer Auswirkungen mit noch größerer Sorgfalt gewichtet werden.

Zwei Dinge sind jetzt klar: Die Planeten zeigen durch ihre Position, ihre Herrschaft, Aspekte und *Antiszien* verschiedene zufällige Qualitäten des Geborenen an oder Umstände, die sich auf sein Leben beziehen, obgleich tatsächlich ein Planet durch direkte Position in einem Haus größere Kraft ausübt als bei einer anderen Stellung oder durch Herrschaft über ein Haus. Auch durch Verwirklichen, Verneinen, Wegnehmen oder durch verschiedenartiges

---

[27] Louis Tronson, geb. 1576, dessen Horoskop Morin oft erwähnt.

Einwirken auf etwas, was schon gewährt worden ist, geben die Planeten weitere Hinweise auf die Dinge, welche diesem Haus zugehören.

Kapitel II

EIN EINZELNER PLANET IN EINEM HAUS

Wenn in einem Horoskophaus ein einzelner Planet vorgefunden wird, ist die Wirkung dieses Planeten in erster Linie auf die zufälligen Qualitäten des Nativen oder die Ereignisse in seinem Leben, die sich auf dieses Haus beziehen, gerichtet und wird einen größeren Einfluß ausüben als irgendwelche anderen Planeten, die dieses Haus beherrschen oder Aspekte darauf senden – ob diese im Domizil sind oder nicht – entsprechend der oben erwähnten Ursache, daß die Gegenwart eines Planeten in einem Haus eine größere Auswirkung hat als Herrschaft über dieses Haus durch einen Planeten, der irgendwo anders steht, da Determination durch die Position unmittelbar ist. Dies steht im Gegensatz zu der Ansicht von Bellantius, welche wir oben widerlegt haben, wird dagegen aber in dem Buch zur Beurteilung der Geburtshoroskope von Garcaeus[28] eindeutig unterstützt. Und auch Franciscus Junctinus[29] ist in seinem Kommentar zu Buch III Kapitel 14 der TETRABIBLOS

---

[28] Johannes Garcaeus ist die latinisierte Form des Deutschen Johann Gartze, der Doktor der Theologie an der Universität von Wittenberg war (1530 – 1574) Sein Werk ASTROLOGIAE METHODUS, das ca. 1576 erschienen ist, machte ihn bekannt. Darin hat er 400 Horoskope besprochen.

[29] Junctinus ist der latinisierte Name des Italieners Francesco Giuntini (1523 – 1580). 1573 gab er ein kleines Buch mit Hilfstabellen heraus. Sein Hauptwerk SPECULUM ASTROLOGIAE erschien in den Jahren 1581-83 nach seinem Tod. Es enthält neben Häusertafeln und zahlreichen Horoskopbeispielen vor allem auch den lateinischen und griechischen Text der TETRABIBLOS nebst Kommentar.

dieser Ansicht. Darin behauptet er, wie auch Origanus behauptet, daß ein Planet im ersten Haus – ob im aufsteigenden Zeichen oder in dem darauffolgenden Zeichen – der Hauptsignifikator des Charakters des Geborenen sei und der Partner des Herrschers des Aszendenten. Wenn dies also für den Charakter zutrifft, warum sollte es dann nicht auch im Urteil auf Finanzen, Ehen, Karriere usw. gelten, da das Prinzip für jedes Haus das gleiche bleiben würde. Wenn ein Planet in seinem eigenen Zeichen steht, wird die Beurteilung dieser zufälligen Dinge einfach in Übereinstimmung mit seiner Natur, seinem kosmischen – und irdischen Zustand sein. Die Beurteilung wird von diesem Planeten ausgehend gefällt, ob er die diesem Haus zugesprochenen Eigenschaften, verleiht oder ob er sie verweigert, sie später verhindert oder wegnimmt oder sie in günstiger oder ungünstiger Weise beeinflußt. Die Natur des Planeten ist das erste, was zu beachten ist, dann sein kosmischer Zustand und zuletzt seine Determinationen, die sich nicht durch die Position ergeben; wenn eine dieser Betrachtungen unterbleibt, kann die Bewertung fehlerhaft oder ungenau sein.

Eine Analogie zwischen der essentiellen Natur des Planeten und den akzidentiellen Bedeutungen des Hauses sollte klar erkennbar werden. Deshalb zeigt die Sonne im zehnten Haus höhere Ämter durch ihre bloße Natur an, da sie eine Analogie diesbezüglich hervorbringt und deshalb in natürlicher Übereinstimmung mit diesen steht. Andererseits verweigert Saturn ein höheres Amt aus gegenteiligem Grund durch seine essentielle Natur. Dies ist jedoch nur durch die Planetennatur so, denn akzidentiell könnte die Sonne im zehnten Haus Würden und Ehren verweigern, wenn sie sich in einem ungünstigen kosmischen Zustand wie z.B. dem Exil, Peregrinität[30], im Quadrat oder in Opposition zu Übeltätern befände oder auch – was die Situation noch verschlimmern würde – ihr

---

[30] Ein Planet, besonders der Mond, ist peregrin, wenn er frei von allen Würden ist und gleichzeitig keinen Aspekten mit anderen Planeten eingeht.

Herrscher zusätzlich ungünstig gestellt wäre. Selbst wenn die Sonne auf Grund ihrer Stellung im zehnten Haus und ihrer Analogie einen gewissen Aufstieg gewähren könnte, wäre das Ergebnis von Schwierigkeiten, Hindernissen und Mißgeschicken begleitet, welche um so größer wären, je mehr der Zustand der Sonne beeinträchtigt wäre. Andererseits, könnte Saturn im zehnten Haus akzidentiell Ehren und Würden bringen, wenn er in seinem eigenen Zeichen stehen würde oder in Exaltation, östlich zur Sonne, sich schnell vorwärts bewegend und im Trigon zum Mond und gut bestrahlt von Venus oder Jupiter. In ähnlicher Weise bringt Mars im siebten Haus durch seine essentielle Natur Rechtsstreitigkeiten und Konflikte, die Venus ihrer Natur gemäß verhindern oder ausgleichen würde. Jupiter im zweiten Haus bringt Geld, was Saturn durch seine essentielle Natur verhindert und Mars verschwendet. Saturn im zwölften Haus bringt ernsthafte chronische Krankheiten, geheime Feinde oder Gefängnis, von welchem Jupiter seiner essentiellen Natur nach den Geborenen befreit; usw. für die anderen Häuser und Planeten, was im einzelnen später erklärt wird.

Jeder Planet, der an und für sich eine dem Sinn seines Positionshauses entsprechende Bedeutung aufweist, verwirklicht diese je nach den Faktoren seines kosmischen Zustandes – sei es zu guten oder zur schlechten Seite hin. Es sei denn, dies wird auf andere Art stark verhindert. Wenn jedoch die Natur des Planeten gegensätzlich zur Hausbedeutung ist, so verneint, verhindert, entfernt oder bringt er weniger Erfolg für die Angelegenheiten dieses Hauses. Jeder Planet in gutem kosmischen Zustand, wie z.B. in seinem eigenen Zeichen oder in Exaltation oder Triplizität, östlich zur Sonne und westlich zum Mond, frei von ungünstigen Aspekten durch Übeltäter, in direktem und schnellen Lauf, usw., soll universell wohltätig sein für jedes Individuum, welches zu dieser Zeit geboren wird – in welchem Haus er auch immer erscheinen möge – und dies ist sogar noch sicherer, wenn er die günstigen Strahlen von Wohltätern erhält. Denn das Gute oder Schlechte der essenti-ellen Natur oder des Zustandes eines Planeten ist weder aufgehoben noch verändert durch die Häuser, sondern diesem wird lediglich eine spezifische Determination gegeben und die Planeten sind um so effektiver in ihren Handlungen, je mehr ihr kosmischer Zustand in Übereinstimmung mit ihrem Wesen steht. Aus diesem Grund ist die Kraft der Übeltäter immer sehr groß – möglicherweise sogar recht gefährlich – wenn sie im siebten, ach-ten oder zwölften Hause stehen (offene Feinde, Tod, Krankheiten und Gefängnis). Einfach deshalb weil die übeltäterischen Planeten sowieso immer eine Analogie mit der nachteiligen Bedeutung die-ser Häuser herstellen und zu derartigen Dingen durch ihre bloße Natur geneigt machen. Deshalb brachte Mars im Horoskop von Herzog Gaston de Foix[31], erhöht im siebten Haus, diesem mächti-ge Feinde, und Mars im Widder im achten Haus im Horoskop von Henri d'Effiat[32] brachte jenem einen gewaltsamen Tod, wie es im einzelnen später noch beschrieben werden wird. Deshalb geben Saturn und Mars in gutem kosmischem Zustand und in glückli-chen Häusern Gutes, in schlechten Häusern Schlechtes; Stehen Mars und Saturn am Aszendenten oder MC und sind sie entweder peregrin oder in schlechtem kosmischem Zustand oder stehen sie zwar stark, aber ohne Würden im ersten oder im zehnten, dann werden sie große Übel verursachen. Diese werden noch schlimmer

---

[31] Gaston de Foix, Herzog von Orleans und Bruder von Ludwig XIII. Auf Betrei-ben von seiner Mutter und Kardinal Richelieu hat er gegen seinen eigenen Willen Mme. de Montpensier geheiratet, die eine der reichsten Erbinnen in Europa war. Sie starb innerhalb eines Jahres und er hat Margarete von Lothringen geheiratet.

[32] Henri d'Effiat war ein Günstling Ludwig XIII. und verlangte von Morin Aus-kunft über sein Schicksal. Dieser weigerte sich anfangs, als ihn d'Effiat aber einen Schwindler hieß, prophezeite Morin ihm ein gewaltsames Ende. Übermütig er-zählte d'Effiat die Aussage bei einem königlichen Gelage, was bei allen Anwesenden ein stürmisches Gelächter hervorrief - außer bei Richelieu. Als d'Effiat drei Jahre später enthauptet wurde, erinnerte sich Richelieu an Morins Prognose und bot ihm seine Dienste an.

sein, wenn sie unter Hinzufügung von schlechten Aspekten zu den Herrschern des ersten und des zehnten Hauses stehen.

Außerdem kann jeder Planet in ungünstiger kosmischer Stellung, wie z.B. im Exil, in Rückläufigkeit, in schlechtem Aspekt zu Übeltätern, ohne gute Strahlen von Wohltätern empfangend, für die ganze Welt als universeller Übeltäter betrachtet werden und folglich ebenso für jedes Individuum das zu dieser Zeit geboren ist – gleichgültig in welches Haus er entweder durch Stellung oder Herrschaft fällt – weil solch ein Zustand die Planetennatur verdirbt. Die Situation wird sogar schlimmer sein für Planeten, die von Natur aus übeltäterisch sind, weil ihre ungünstige Stellung gewöhnlich Ungnade, Katastrophe, Unehre, Verlust von Ansehen, Exil, Gefängnis, ernsthafte Krankheiten, einen gewaltsamen Tod und ähnliches Unglück hervorbringt in Zusammenhang mit den Determinationen durch Position oder Herrschaft. Zum Beispiel hat Saturn im Löwen im achten Haus des Herzog de Montmorency[33] seinen gewaltsamen Tod in Unehre angezeigt.

Schließlich wird ein Planet in einem mittelmäßigen kosmischen Zustand, wie der Peregrinität oder in ungünstiger Konfiguration mit Wohltätern – oder günstig gestellt mit Übeltätern – in einer gemäßigten Art beim Hervorbringen von Gutem und Üblem wirken.

Aber man sollte beobachten, daß ein Planet um so mehr Gutes hervorbringt, je besser er in seiner kosmischen Stellung unterstützt ist, aber andererseits um so eher Übles verursachen wird, auf je mehr Arten er geschwächt wird. Und dies ist sowohl universell als auch im Besonderen so, denn die universelle Art des Handelns wird speziell wahrgenommen, aber bestimmt immer das Spezielle.

Im allgemeinen führt ein wohltätiger Planet in gutem kosmischen Zustand im ersten, zweiten, dritten, vierten, fünften, sechsten, siebten, neunten, zehnten oder elften Haus (von denen es

---

[33] Wurde hingerichtet, weil er sich gegen Richelieu erhoben hatte.

heisst, daß es glückliche Häuser sind, da sie wünschenswerte Dinge repräsentieren) die guten Vorteile dieses jeweiligen Hauses herbei und die Ergebnisse werden wirklich, reichlich, dauerhaft und nicht von Schwierigkeiten begleitet sein. Im zweiten Haus wird ein Wohltäter Reichtum bringen, besonders wenn seine Natur dies anzuzeigen scheint, wie z.B. bei Jupiter. Die Sonne im zehnten Haus wird öffentliche Ehren oder Berühmtheit bringen, im elften Haus Freunde unter hochgestellten Personen spenden; Venus im siebten Haus verspricht eine glückliche Heirat mit einer schönen Frau; Merkur im ersten Haus verweist auf ausgezeichnete geistige Qualitäten; Sonne, Saturn und Jupiter im vierten Haus deutet auf Reichtum der Eltern, weil jeder dieser Planeten in diesem Stellium eine Analogie zu Eltern aufweist; usw. für die anderen Häuser. Deshalb sollte man immer beachten, in welcher Weise die essentielle Planetennatur und Stellung mit den Bedeutungen der Häuser korrespondieren.

Jedoch, ein Wohltäter in einem glücklichen Haus in einem gegensätzlichen Zeichen oder durch nachteilige Aspekte getroffen, verwirklicht entweder nichts oder gewährt Dinge, denen Schwierigkeiten anhaften. Diese erreicht man dann nur durch verwerfliche Mittel oder bestenfalls in unzulänglicher, unechter Weise oder sie sind von geringem Nutzen. Ein Wohltäter in einem mittelmäßigen kosmischen Zustand gewährt mehr als wenn er in einer schlechten Stellung wäre, aber hinsichtlich Qualität, Quantität, Stabilität und Dauer wird er nur bescheidene Ergebnisse hervorbringen.

Andererseits wird ein Übeltäter in einer schlechten kosmischen Stellung, aber in einem guten Haus wie z.B. dem zehnten, nicht das Gute dieses Hauses – die Ehre oder das Prestige – gewähren, sondern er wird eher verhindern, daß dies eintritt; oder, falls dies irgendwie doch stattfinden sollte, wird es Mißgeschicke geben, besonders durch Saturn, der von Natur aus im Gegensatz zu Ehren und Würden steht.

Ein Übeltäter in guter Stellung und in einem günstigen Haus wie dem zehnten, wird Ehren und Machtstellung hervorbringen, insbesondere wenn er in Erhöhung steht, (weil Erhöhung unter den anderen möglichen Würden eines Planeten diejenige ist, die den Ehren am meisten analog ist) und weder in Quadrat noch Opposition oder sonst in einer ungünstigen Beziehung zu Sonne oder Mond steht, da die himmlischen Lichter eine natürliche Analogie zu Ehren besitzen. Im zweiten Haus kann er Geld bringen, insbesondere wenn er günstig von Jupiter bestrahlt wird, der dem Wohlstand entspricht, usw. für die anderen Häuser. Allerdings gewährt ein Übeltäter, sogar in gutem kosmischem Zustand, die günstigen Gaben immer so, daß sie mit Mängeln behaftet sind oder unter Anwendung tadelnswerter Methoden stehen oder von Mißgeschick begleitet sind, - wegen der ungünstigen Natur des Planeten, durch die er eher zu Schlechtem als zu Gutem geneigt ist. Deshalb kann gesagt werden, daß Übeltäter in guter kosmischer Stellung in glücklichen Häusern wie eine Dissonanz in der Musik sind, die aufgelöst wurde um eine Konsonanz zu erzeugen.

Schließlich gewährt ein Übeltäter in einem mittelmäßigen kosmischen Zustand weder etwas, noch nimmt er etwas weg. Er verhindert nur, daß das Gute stattfindet, besonders wenn seine Natur dem Guten entgegengesetzt ist, wie es bei Saturn im zehnten Haus der Fall wäre. So gewährt Saturn im zweiten Haus in einer lediglich mittelmäßigen Stellung weder Geld noch verhindert er es, sondern konserviert durch Knausrigkeit oder Geiz, was erlangt worden ist; aber Mars weist dort auf die Verschwendung von Geld durch übertriebene Großzügigkeit und unkluge oder nutzlose Ausgaben hin.

Ein Wohltäter in gutem kosmischem Zustand in den unglücklichen Häusern – dem achten oder zwölften – verhindert oder schwächt die ungünstige Bedeutung dieser Häuser ab. Dies gilt auch für das siebte Haus, das durch die Bedeutung von Rechtsstreitigkeiten und offene Feinde, die ihm beigegeben wird, mitunter negativ ist, also nicht so sehr durch seine essentielle Natur, sondern durch seine Opposition zum ersten Haus; diese Tatsache bildet die Grundlage für seine Wichtigkeit bei Rechtsfällen und offenen Feinden. Also setzt Jupiter im zwölften Haus – dem Haus der Krankheiten – den Geborenen weniger Gebrechen aus und auch diese werden leicht zu heilen sein; und dieser Planet befreit den Geborenen vor der Gefahr des Gefängnisses, wie er den Geborenen auch siegreich über verborgene Feinde macht. Im achten Haus wird Jupiter den gewaltsamen Tod oder den Tod in Ungnade eines Geborenen verhindern und statt dessen einen leichten Tod herbeiführen. Denn durch seine essentielle Natur und durch Analogie macht Jupiter nicht geneigt zum Grab und schrecklichem Leiden, Gefängnis oder gewaltsamem Tod, und dies um so weniger, je besser sein kosmischer Zustand ist. Egal in welchem Haus er stehen mag, seine essentielle Natur wird sich nicht verändern, noch wird sich sein wohltätiger Einfluß auf die gesamte Erde verändern, solange er in guter kosmischer Stellung bleibt und nur Determinationen unterworfen ist. Wobei aus der Notwendigkeit seiner eigenen Natur zu folgern ist, daß er Gutes fördert aber Übles vermindert und mildert; und all dies gilt für andere Planeten, die durch ihre essentielle Natur oder kosmische Stellung wohltätig sind.

Aber ein wohltätiger Planet in ungünstiger kosmischer Stellung, z.B. im zwölften oder im achten Haus oder als Herr eines dieser Häuser, wird Gebrechen nicht verhindern und kann sogar ernsthafte Schäden dieser Art hervorrufen. Ebensowenig wird er einen gewaltsamen Tod verhindern können, besonders wenn dies auf andere Weise gezeigt wird. So hatte z.B. Kardinal Richelieu Jupiter zusammen mit dem Fixstern *Oculus Taurus*[34] in den Zwillingen im achten Haus, was seinen Tod durch ein schreckliches Gebrechen

---

[34] Gemeint ist Aldebaran. Dieser verleiht zwar Glück, aber seine Wohltaten sind nicht anhaltend. Ferner besteht Gefahr von Gewalt und Krankheit. Siehe: Vivian Robson. *Fixsterne: Bedeutung und Konstellationen im Horoskop* (München, 1990).

anzeigte. Auch das Horoskop von Henri d'Effiat hatte Jupiter mit Sonne und Mars im achten Haus und er wurde enthauptet; im Horoskop von Monsieur des Hayes[35] stand Jupiter in den Zwillingen im achten Haus zusammen mit *Oculus Taurus* und Mars, dem Geburtsgebieter. Ferner stand auch der Mond im siebten Haus mit den Plejaden und dem Fixstern *Caput Medusae*[36] und im Quadrat zur Sonne, der Herrin des MC, und auch er wurde auf Befehl des Königs enthauptet. In meiner eigenen Geburtsfigur habe ich Jupiter – Herrscher des achten Hauses – und Saturn beide im zwölften Haus stehen und habe unter vielen ernsthaften Gebrechen gelitten, mich aber glücklicherweise durch gute Behandlung mit Medikamenten erholt; ich war auch mehrfach in Gefahr eines gewaltsamen Todes und wurde einmal sehr ernsthaft verwundet.

Schließlich verursacht ein Wohltäter in mittelmäßiger Stellung weder Übel, noch verhindert er es, sondern er mildert es ab. Andererseits wird ein Übeltäter in glücklicher kosmischer Stellung aber in einem unglücklichen Haus das Unglück nicht wegnehmen. Er wird den Geborenen zwar nicht davor schützen, daß es sich ergibt, sondern anstelle dessen wird er den Nativen vor diesem Übel retten oder es durch seine gute kosmische Stellung herabmindern. Und also auch der König von Schweden hatte Mars im zwölften Haus im Skorpion stehen, aber er war nicht kränklich und wurde niemals eingekerkert oder von versteckten Feinden vernichtet. Man kann daher sehen, um wieviel effektiver Wohltäter in gutem kosmischem Zustand aber in unglücklichen Häusern erwarten lassen, daß die Gebrechen aus diesen Häusern entfernt werden.

Henri d'Effiat hatte Sonne, Jupiter und Mars im Widder im achten Haus und er starb einen gewaltsamen Tod durch Mars, einen öffentlichen Tod durch die Beteiligung der Sonne und aufgrund

---

[35] Louis de Hayes wurde 1598 geboren und 1642 hingerichtet, da er sich gegen Richelieu verschworen hatte.

[36] Gemeint ist Algol. Laut Robson gilt er als der übelste Stern am Himmel.

eines Gerichtsurteils infolge Jupiters Anteil. Weil diese Kombination Merkur quadrierte, den Herrscher von Aszendent und MC und Saturn zudem im zehnten Haus stand und unfreundlich zur Spitze des achten Hauses wie auch in schlechtem Aspekt zu Sonne, Jupiter und Mars stand, waren die Anzeichen eines gewaltsamen Todes verstärkt. Somit ist es eindeutig, daß man auf viele Faktoren achten muß, wenn man astrologische Beurteilungen abgibt.

Ein Übeltäter in schlechter kosmischer Stellung und in einem unglücklichen Haus, dessen Übel er damit stark fördert, bringt die denkbar schlechtesten Umstände und sogar Schande, Ungnade oder Gewalt mit sich. So wird Saturn in ungünstiger kosmischer Stellung im zwölften Haus lange, ernsthafte Krankheiten bedingen, die schwer zu heilen sind oder Gefängnis und versteckte Feinde verursachen; im achten Haus bedeutet er einen schrecklichen und gewaltsamen Tod, wie es im Horoskop von Duc de Montmorency gezeigt wird, wo Saturn im Löwen im achten Haus steht. Dies ist so, weil Planeten, die durch ihre essentielle Natur übeltäterisch sind und in einer kosmischen Stellung in Übereinstimmung mit dieser Natur stehen, Unglück für die gesamte Welt ankündigen, solange dieser Zustand anhält; und für Individuen, die während dieser Zeit geboren werden, ist es noch ungünstiger, wenn diese Planeten sich durch Kulmination auf die schlechten Angelegenheiten der ungünstigen Häuser beziehen. Diese Stellung kann nicht nur vom Zeichen her gedeutet werden, sondern auch von den Aspekten zu anderen Planeten. Denn Saturn ist, sogar in seinem Domizil oder in Erhöhung, durch seine essentielle Natur mehr zum Schlechten als zum Guten hin geneigt und wenn er im zwölften oder achten Haus steht und durch Quadrat oder Opposition vom Mars getroffen wird, der seinerseits unvorteilhaft gestellt ist, ist er äußerst mächtig darin, Unglück zu verrichten.

Schließlich verhindert ein Übeltäter in einem mittelmäßigen kosmischen Zustand in den ungünstigen Häusern das Übel nicht, sondern verursacht, daß es eintrifft; das Ergebnis ist um so ernster, je ungünstiger der Planet gestellt ist.

Man beachte daher immer für jeden der Planeten seine essentielle Natur, seinen kosmischen Zustand und seine Stellung in einem bestimmten Haus. Und man sollte auch festhalten, daß die Bedeutung eines jeden Hauses eine zweifache sein kann: eine essentielle – z.B. Geld für das zweite Haus – und eine akzidentielle, welche sich aus der Bedeutung des gegenüberliegenden Hauses ergibt; folglich ist der Tod die zufällige (akzidentielle oder sekundäre) Bedeutung des zweiten Hauses. Ähnlich ist die eigentliche (essentielle oder primäre) Bedeutung des sechsten Hauses Diener und Tiere, aber die akzidentielle ist Krankheit, Gefängnis und geheime Feinde; und so weiter für die anderen Häuser. Weiterhin wird ein wohltätiger Planet in guter kosmischer Stellung aber in einem ungünstigen Haus das Hauptübel dieses Hauses verhindern, jedoch die zufälligen (akzidentiellen) guten Bedeutungen, die ihm zugehören, fördern. Deshalb zeigt Jupiter in guter kosmischer Stellung im achten Haus einen leichten Tod an, weil er im achten Haus steht, aber er zeigt auch Geld an aufgrund der Opposition des zweiten Hauses. Allerdings kündigt die Opposition eines übeltäterischen Planeten – gleichgültig in welcher Stellung er sich befinden mag – immer Schwierigkeiten an.

Aus dieser Diskussion sollte klar ersichtlich werden, daß das Unglück immer durch die übeltäterische Natur eines Planeten oder durch seinen ungünstigen kosmischen Zustand ausgelöst wird, durch die seine Auswirkungen entweder geschwächt oder aufgehoben werden, wenn dieser Einfluß von Natur aus ohnehin negativ ist. Gutes geschieht jedoch durch die wohltätige Natur eines Planeten oder seine günstige kosmische Stellung. Und so wird ein wohltätiger Planet in guter kosmischer Stellung der zuverlässigste Faktor sein, um Gutes hervorzubringen und vor Übel zu schützen oder dieses zu überwinden oder mindestens zu mildern. Aber ein Übeltäter in schwieriger kosmischer Stellung ist auch genauso mächtig für die gegenteilige Wirkung, weil diese ungünstige Plazierung den Planeten ein bestimmtes Übel vermittelt, durch das die Auswirkungen der Übeltäter noch negativer wird und die essentielle Natur der Wohltäter beeinträchtigt wird. So wird ein wohltätiger Planet in guter kosmischer Stellung und in einem günstigen Haus die guten Dinge dieses Hauses mit Leichtigkeit und in Fülle gewähren, in einem unglücklichen Haus wird er den Geborenen von den durch dieses Haus angezeigten Dingen befreien oder letztlich das Gute gewähren, das als Ausgang von der Situation erhofft wird, wie z.B. Genesung von Krankheit, Entlassung aus dem Gefängnis, Sieg über Feinde oder Befreiung von einem gewaltsamen Tod, denn der Tod selbst kann – aufgrund der Sünde Adams – nie vermieden werden. Auf der anderen Seite wird ein Übeltäter in guter kosmischer Stellung in einem günstigen Haus das Gute dieses Hauses betonen, wenn er die gute Bestrahlung von wohltätigen Planeten erhält; und in ungünstigen Häusern wird er vor Übel erretten oder dieses abschwächen; aber wenn er nur in seinem Domizil oder in Erhöhung steht, wird er noch mächtiger für das Üble sein als irgend etwas anderes aufgrund der Verstärkung seiner übeltäterischen Natur. Der Grund hinter all diesem ist die Tatsache, daß die Determinationen eines Planeten höchst wirksam sind, wenn Übeltäter durch lokale Determinationen einen Bezug zu negativen Angelegenheiten haben und Wohltäter zu günstigen Angelegenheiten. Wenn die Natur eines Planeten und seine spezifischen Determinationen nicht ähnlich sind, können Übeltäter das Gute eines Hauses nicht hervorbringen oder nur unter Begleitung von Gefahr, Schwierigkeit oder Unvollständigkeit, während die Wohltäter wenig oder gar kein Übel verursachen oder, wenn ein Unglück eintritt, den Geborenen davor bewahren. Und jeder Planet in guter kosmischer Stellung soll wohltätig sein, wenn er in einem günstigen Haus steht – dies noch mehr, wenn seine essentielle Natur wohltätig ist. In schlechter kosmischer Stellung ist ein Planet übeltäterisch, insbesondere in einem ungünstigen Haus – dies noch mehr, wenn seine essentielle Natur ungünstig ist. Denn von einem wohltätigen Planeten oder einem Planeten in guter kosmischer Stellung gehen Gutes und Schlechtes nicht gleichermaßen aus, andernfalls wären seine essentielle Natur oder seine günstige Stellung ohne Bedeutung für die Beurteilung. Ganz ähnlich kann ein seiner Natur nach übeltätiger Planet oder in ungünstiger kosmischer Stellung nicht gleichermaßen Gutes und Schlechtes erzeugen, andernfalls wäre es falsch von ihm zu sagen, daß er ein Übeltäter sei oder ein Planet in schwieriger kosmischer Stellung. Denn Planeten die von Natur aus günstig oder in guter kosmischer Stellung sind, bringen Vergünstigungen durch die Gewährung von Gutem in glücklichen Häusern und verhindern Übles in unglücklichen Häusern, während Planeten, die von Natur übeltäterisch oder in schlechter kosmischer Stellung sind, Übel in unglücklichen Häusern bringen und Gutes in glücklichen Häusern verhindern. Andererseits, bringt ein Planet durch seine Natur oder kosmische Stellung Gutes in glücklichen Häusern und Übles in unglücklichen Häusern her, sollte das noch kein Grund sein zu sagen, daß dies anläßlich der mehr wohltätigen als übeltäterischen Natur oder der mehr günstigen als ungünstigen kosmischen Stellung der Fall war. Wie auch immer, Gutes wird nicht immer nur repräsentiert durch die Gegenwart von tatsächlich Gutem, sondern ebenso durch die Verhinderung von Unglück, und Übel wird ebenso repräsentiert durch Verhinderung von Gutem; und so wird Gutes verhindert durch das ursächliche Vorhandensein von Übel, und Übel wird verhindert durch das ursächliche Vorhandensein von Gutem.

Nachdem die Determination eines Planeten aufgrund der Stellung bekannt ist, müssen seine anderen Determinationen im Geburtsbild betrachtet werden. Erstens hat ein Planet neben seiner Determination durch Hausstellung eine weitere Determination durch Herrschaft und wenn beide Determinationen einen Bezug zu demselben Haus aufweisen sollten, wird der Planet einen maximalen Einfluß auf die Angelegenheiten dieses Hauses ausüben und wird diese Dinge ganz auffallend hervorbringen, wenn er in einem guten Haus steht, während er sie in einem ungünstigen Haus abschwächt oder sogar verhindert. Aber wenn beide Determinationen sich auf unterschiedliche Häuser beziehen – d.h., wenn ein Planet in einem Haus steht, aber Herr eines anderen Hauses ist – so sind die Bedeutungen der beiden Häuser kombiniert – jedoch nimmt die Bedeutung des Hauses, in welchem er steht, eine Vorrangstellung ein, da die Position eines Planeten größere Wirkung hat als die Herrschaft über ein anderes Haus, in dem er nicht steht. Steht ein Planet in guter kosmischer Stellung im zweiten Haus und ist gleichzeitig Herrscher vom siebten Haus, wird dem Geborenen durch Partnerverbindungen, Prozesse oder Konflikte Geld zukommen; wenn er Herr des zehnten Hauses wäre, würde dem Geborenen Geld durch den Beruf und gutes Ansehen zukommen. Auf der anderen Seite, wenn ein Planet in ungünstiger kosmischer Stellung wie z.B. im zweiten Haus stünde und Herrscher des siebten oder zehnten Hauses wäre, würde das Gegenteil eintreten und finanzielle Not durch Heirat, Rechtsstreitigkeiten, Konflikte oder durch berufliche Aktivitäten könnte daraus resultieren. Ein Planet sollte jedoch keine Determination durch Herrschaft haben, die im Gegensatz zur Bedeutung seiner Determination aufgrund der Himmelsstellung steht; z.B. wäre Mars im ersten und (gleichzeitig) Herr des achten Hauses, für das Leben selbst schädlich, da ein gewaltsamer Tod oder die Gefahr eines solchen angedeutet wäre.

Überdies kann ein Planet, dessen Einfluß bereits durch seine Position determiniert ist, noch weiter durch eine Konjunktion oder einen Aspekt mit einem anderen Planeten modifiziert werden, und zwar in Übereinstimmung mit der Natur und den Bedeutungen, welche diesem Planeten durch Analogie innewohnen. Und so zeigt ein Wohltäter im zehnten Haus in Konjunktion oder Trigon zur Sonne, ganz klar Ehre an (wegen der Analogie der Sonne zu Ehren und Prestige); im zweiten Haus und im Trigon zu Jupiter würde er

Vermögen anzeigen. Aber ein Übeltäter im achten Haus in Konjunktion zu Mars oder im Quadrat oder in Opposition dazu, zeigt einen gewaltsamen oder grausamen Tod an; im zwölften Haus und im Quadrat zu Saturn bedeutet er Gefängnis oder bedrohliche Krankheiten usw. Und die Zuverlässigkeit der Auswirkung hängt vom Zustand der beteiligten Planeten ab.

Schließlich ist es möglich, daß ein Planet durch einen anderen Planeten determiniert wird. So macht ein Planet im ersten Haus, wenn er mit dem Herr des zehnten Hauses in Konjunktion wäre oder in einem starken Aspekt zu diesem stünde oder zu einem Planeten im zehnten Haus, den Geborenen zu herausragenden Taten geneigt und läßt einen Beruf vorhersagen, der zu Ansehen führt. Wenn er sich in Konjunktion, im Quadrat oder in Opposition zum Herrscher des achten Hauses befände, wäre die Gefahr eines gewaltsamen Todes angezeigt. Und das gleiche Prinzip muß für die anderen Planeten und Häuser angewandt werden, insbesondere wenn die Bedeutungen der Häuser kombiniert werden können, denn hierin liegt das wahre Geheimnis, Beurteilungen abzugeben. Es ist auch klar ersichtlich, wie wichtig es ist, mit einer gängigen Methode ein Horoskop zu erstellen, weil diese Vorgehensweise die Determinationen der Planeten durch ihre Stellung und Herrschaft in den Häusern betrifft. Was hier hinsichtlich einem einzelnen Planeten in einem Haus festgestellt wurde, muß auch im Bezug auf den Herrscher dieses Hauses gelten, jedoch mit dem Vorwissen, daß die Stellung eines Planeten Vorrang hat vor der Herrschaft durch Zeichen in den Häusern.

Kapitel III

MEHRERE PLANETEN IN EINEM HAUS

Stehen mehrere Planeten in einem Haus, so werden die wesentlichen Bedeutungen dieses Hauses von allen anwesenden Planeten beeinflußt und jeder muß entsprechend seiner essentiellen Natur und kosmischen Stellung betrachtet werden wie auch nach seinen Determinationen über die Hausstellung hinaus, wie in Kapitel 2 für einen einzelnen Planeten dargelegt wurde. Aus dieser Untersuchung sollte ziemlich klar ersichtlich werden, welcher dieser Planeten die größte Macht haben wird, Mißgeschicke für die Bedeutung dieses Hauses zu gewähren, zu verhindern, abzuhalten oder zu verursachen, ebenso auch, in welchem Ausmaß dieser Planet von anderen unterstützt oder behindert wird und welche Wirkung von jedem erwartet werden kann bezüglich der Angelegenheiten dieses Hauses. Ein Urteil wird dann aus der Kombination der Einflüsse gefällt und dies geht gewöhnlich nicht ohne eine gewisse Schwierigkeit, die um so größer ist, je mehr Planeten in einem Haus stehen und besonders, wenn Wohltäter und Übeltäter zusammen erscheinen. Solange alle Planeten entweder Übeltäter *oder* Wohltäter sind, ist das Urteil einfach. Die folgenden Beobachtungen sind in Betracht zu ziehen.

Erstens. Wenn drei, vier oder fünf Planeten in einem Haus stehen, so ist dieses Haus bedeutender als die anderen, denn es zeigt etwas Herausragendes in Verbindung mit den Angelegenheiten dieses Hauses an und je mehr Planeten in diesem Haus angesammelt sind, desto mehr zeigen sie etwas Wesentliches an – sei es gut oder schlecht. Ein Beispiel dafür ist mein eigenes Horoskop, wo Venus, Sonne, Jupiter, Saturn und Mond im zwölften Haus stehen. Ich hatte mehrere ernsthafte und schwer heilbare Krankheiten und mehr als einmal kam ich wegen jugendlicher Dummheiten fast ins Gefängnis, mindestens zehnmal war ich in der Gefahr eines gewaltsamen Tod und habe alle Arten von Gefahren erlebt. Sechzehn mal habe ich mich in den Dienst anderer gestellt, was der Gefangenschaft nicht unähnlich war; ich hatte viele geheimen Feinde durch Neid und bin von großen Herren ungerecht behandelt worden, darunter Kardinal Richelieu. Alle diese Übel wurden von Saturn im zwölften Haus verursacht, da er eine enge Analogie zu diesen Dingen hat; dem Allerschlimmsten bin ich aber immer entgangen, dank Jupiter und Venus in guter kosmischer Stellung und es trifft zu, daß ich von der Gefahr eines gewaltsamen Todes bei mehr als fünf Gelegenheiten durch göttliche Güte und Gnade errettet wurde – einmal wunderbar, als ich vom Pferd stürtzte und in Todesgefahr war; möge der Herr gepriesen sein von all seinen Heiligen und ich will mit ihnen sein für alle Ewigkeit, Amen. Solch eine Situation wird im Horoskop des weithin bekannten Louis Tronson gezeigt, wo Mond, Jupiter, Venus und Merkur im zehnten Haus stehen und von der Sonne im elften Haus regiert werden; er erhielt von Ludwig XIII für seine hervorragenden Leistungen und treuen Dienste hohe Ehren. Außerdem wird es im Horoskop von Henri d'Effiat gezeigt, der Sonne, Jupiter und Mars im achten Haus hatte und dessen Tod gewaltsam (Mars) und öffentlich (Sonne) war und durch ein richterliches Urteil (Jupiter) zustande kam.

Zweitens. Wenn mehrere Planeten in ein und demselben Haus stehen, wirkt jeder gemäß seiner essentiellen Natur und seinen Determinationen, in der ihm eigentümlichen Weise und in Verbindung mit den anderen Planeten.

Drittens: Wenn unter mehreren Planeten in einem Haus ein einzelner eine Analogie zu den Bereichen dieses Hauses hat oder aber Dispositor der anderen ist oder ein Planet eine Analogie hat, während ein anderer Herrscher ist, muß diesem Planet Hauptaufmerksamkeit geschenkt werden, weil er besonders geeignet ist, das Gute dieses Hauses zu erzeugen oder das Übel zu verursachen oder dieses zu beseitigen. Folglich sind in meinem eigenen Horoskop Jupiter und Saturn als die wichtigsten Planeten anzusehen. Mars ist jedoch als der wichtigste Planet im achten Haus von Henri d'Effiat anzusehen, da er analog zu einem gewaltsamen Tod und zugleich Herrscher der anderen Planeten ist.

Viertens. Der Planet, welcher der Hausspitze am nächsten steht, sollte besonders beachtet werden, da diese Position sehr wesentlich ist für die Stärke der Hausspitze. Sodann muß der Planet mit der Hauptbedeutung gesucht werden. Diese kommt zunächst jenem Planeten zu, der der Herr des Hauses ist. Dann folgt derjenige, der in diesem Haus erhöht ist, danach jener, der eine Analogie zur Bedeutung des Hauses hat und dann erst der zur Hausspitze am nächsten liegende. Je mehr dieser Bedeutungen für ein und denselben Planeten zutreffen, um so größere Bedeutung wird er für das Haus haben.

Fünftens. Wenn zwei oder mehrere Planeten in demselben Haus plaziert sind und einige analog zur Bedeutung des Hauses sind, während andere ihr entgegengesetzt sind; wenn also zum Beispiel die Sonne und Saturn im zehnten Haus stehen, so entspricht die Sonne Ehren, während Saturn durch seine essentielle Natur diesen entgegensteht. Dann muß zunächst sichergestellt werden, welcher Planet am stärksten ist, das Gute oder Schlimme des Hauses hervorzubringen oder dieses Gute oder Schlimme zu verhindern oder zu entfernen, und zwar in Übereinstimmung mit der Vorgehensweise, die in Kapitel 2 dargelegt wurde. Denn der stärkere Planet hat immer die größere Auswirkung. Bei der Bewertung der Angelegenheiten zwischen Gutem und Schlechtem muß jedoch Vernunft gebraucht werden. Befänden sich Saturn im Krebs im zehnten Haus und die Sonne im Löwen ebenfalls noch im zehnten Haus, so würden sich infolge der Analogie und der starken Stellung der Löwesonne Ehren und Würden einstellen. Aber der im Exil stehende Krebssaturn wäre diesen Angelegenheiten abträglich, da er seiner Natur nach im Gegensatz zu Ehren steht. Stünden Sonne und Saturn im zehnten Haus im Skorpion, wo sie peregrin wären, so könnte man Ehren durch keinen der Planeten voraussagen, denn im selben Grade, wie die Sonne sie anzeigt, zeigt Saturn das Gegenteil an. Es ist aber möglich, daß Ehren auf andere Weise erscheinen, z.B. unter der Hilfe eines Trigons von Jupiter zur Sonne, müßte aber eingedenk sein, daß Saturn sein Unglück dazu beisteuern werde. Wären beide im zehnten Haus in der Waage, wo die Sonne im Fall und Saturn erhöht steht, müßte man nahezu, dem erhöhten Saturn entsprechend, auf Ehren schließen, zumal die Sonne würde durch Analogie mehr fördern würde, als ihnen durch ihre Stellung im Fall entgegenstehen würde. Ähnliche Beurteilungen müssen in allen anderen Fällen sorgfältig bedacht werden.

Sechstens. Es geschieht oft, daß zwei Wohltäter oder zwei Übeltäter im selben Haus vorgefunden werden oder wenigstens ein Wohltäter mit einem Übeltäter. Zwei Wohltäter zeigen immer etwas Günstiges an – sei es durch Hervorrufen des tatsächlich Guten oder durch Unterdrücken des Schlimmen– und ihre Wohltäternatur wird um so kräftiger zur Wirkung gelangen, je besser ihr kosmischer Zustand ist. Aber zwei Übeltäter zeigen immer etwas Schlechtes an – entweder dadurch, daß sie Schlimmes verursachen oder das Gute verhindern oder verderben – es sei denn, beide Übeltäter sind durch ihre Zeichen stark und in glücklichen Häusern. Zum Beispiel waren Saturn und Mars im Steinbock im zweiten Haus im Horoskop von de Chavigny günstig für Reichtum und Mars im Steinbock und Saturn im Wassermann im siebten Haus zeigte Vorteile in Verbindung mit dem Heiraten von Prinz Gaston de Foix an. Aber das Gute, das von Übeltätern verursacht wird, ist nie unvermischt mit Schlechtem und so verursachen sie in Angelegenheiten von Reichtum Geiz oder Habgier und in der Heirat den Tod des Ehepartners; mit anderen Worten, sie erzeugen trotz ihrer Kraft ernsthafte Schwierigkeiten, die Wohltaten dieses Hauses zu gewähren.

Siebtens. Wenn ein Wohltäter einem anderen Wohltäter in einem glücklichen Haus folgt, also später aufgeht, so wird das sich daraus ergebende Gute sicher kommen und stabil bleiben. Aber wenn ein Übeltäter dem Wohltäter folgt, wird das Gute letztlich in einer Art von Schlechtem enden oder es wird vereitelt oder behindert sein. Und wenn ein Wohltäter einem Wohltäter in einem unglücklichen Haus folgt, werden die Übel nicht stattfinden oder werden sehr stark abgeschwächt sein. Wenn ein Übeltäter einem Wohltäter folgt, ist es sicher, daß das Schlechte aufgrund der Natur des Hauses eintrifft, während ein Wohltäter, der einem Übeltäter folgt, das Schlechte auch bringen wird, der Geborene aber letztlich davon befreit wird; folgt aber ein Übeltäter einem anderen Übeltäter, werden die Übel äußerst ernst sein, noch wird der Geborene von ihnen befreit werden. Man bemerke jedoch, daß wir mit „Wohltäter" oder „Übeltäter" die kombinierte Einschätzung der essentiellen Natur, des kosmischen Zustandes und auch der lokalen Determination des Planeten meinen. So würde ein Wohltäter im zehnten Haus, der eine Konjunktion mit einem erhöhten Saturn bildet, ganz sicher Ehren anzeigen während ein Planet im zwölften Haus, der eine Konjunktion mit dem Herrscher des achten Hauses bildet, mit größter Sicherheit eine Krankheit und ernsthafte Lebensbedrohung voraussagt.

Achtens. Wenn sich mehrere Planeten in einem Haus befinden und ihre Herrscher irgendwo anders stehen, sollte man das Haus, in dem sie jeweils Herr sind genau betrachten, denn in den Angelegenheiten dieses Hauses liegt der Ausgangspunkt von Gutem und Schlimmem. So ist im Horoskop von Louis Tronson im zehnten Haus Mond Jupiter und Venus, und die Sonne der Dispositor dieser Gruppe stand im elften Haus; dies besagt „öffentliche Ehren durch mächtige Freunde – unter denen Adlige und Prinzen sind".

Neuntens. Zwei Planeten im selben Haus können auf neun verschiedene Arten miteinander kombiniert werden, da jeder auf drei Arten betrachtet werden muß: entsprechend seiner essentiellen Natur, nach seinem kosmischen Zustand und nach seiner lokalen Determination im Horoskop; welche Schlüsse auch gezogen werden, mit diesen drei Bedingungen kann der andere Planet kombiniert werden. Und genau hier entsteht die große Schwierigkeit der prognostischen Astrologie.

Kapitel IV

DER HERRSCHER EINES HAUSES STEHT IN EINEM ANDEREN HAUS; WERDEN SICH DESHALB DIE BEDEUTUNGEN BEIDER HÄUSER IMMER KOMBINIEREN?

Wir werden jetzt eine Angelegenheit von äußerster Wichtigkeit in der beurteilenden Astrologie diskutieren, die bis jetzt von anderen Schriftstellern ignoriert wurde. Es wurde schon aufgezeigt, daß ein Planet nicht unabhängig von dem Zeichen wirkt, in dem er steht, sondern von diesem stets abhängt und das Zeichen ist ein Teil des *Primum Caelum* oder der ersten Ursache in der Natur und wurde in Übereinstimmung mit der gegebenen Natur der Planeten als *initio mundi* bezeichnet. Diese Abhängigkeit des Planeten vom Zeichen funktioniert wie eine Verbindung oder Partnerschaft und wird im Geburtshoroskop bestätigt, denn die Stellung im *caelum* übernimmt Bedeutung in Übereinstimmung mit seiner eigenen Natur und seiner Stellung in dem einen oder anderen Zeichen – von welcher Beobachtung wir sagen, ein Planet stehe gut oder schlecht – und diese Beziehungen werden bei dem Geborenen für dessen gesamtes Leben beibehalten. Durch die Stellung der Sonne im Wassermann wird z.B. die Natur der Sonne, während des gesamten Lebens des Nativen, in schlechter kosmischer Stellung gehalten. Und die Direktion der Signifikatoren zu diesen Stellen im Horoskop zeigt dies auf wie auch die Transite der Planeten über sie, denn transitierende Planeten wirken entsprechend der Natur und den Bedingungen der beteiligten Positionen, wie es die tägliche Erfahrung beweist.

Des weiteren hängt die Wirkung eines Zeichens immer von der Natur und der Qualität seines Herrschers ab, so daß dieser eigentlich als wirksame Ursache dessen angesehen werden muß; und wenn der Herr eines Zeichens auf irgendeine Weise von der Welt genommen würde, so könnte dieses Zeichen nicht länger als Zeichen wirken, sondern nur als ein Teil des *Primum Caelum*. Aus diesem Grund wird richtigerweise gesagt, daß ein Planet sein Zeichen regiert, über dieses den Vorsitz führt und auch das Haus beherrscht, in welches dieses Zeichen fällt – in anderen Worten, daß er die wesentlichen Bedeutungen dieses Hauses beherrscht – da ihre Entwicklung von eher diesem Herrscher als von einer wirksamen Ursache abhängt. Es wird weniger passend gesagt, daß er einen anderen Planeten regiert, der in seinem Zeichen steht, denn, wenn Mars nicht mehr in unserem Sonnensystem wäre, würde Jupiter, wenn er in diesem Teil des *Caelum* steht, das Widder genannt wird, nicht aufhören, entsprechend seiner Jupiternatur zu wirken; denn obwohl Widder und Jupiter ihre Qualitäten verbinden mögen, handelt doch jeder separat und entsprechend seiner eigenen Natur – Widder kriegerisch, Jupiter großzügig-jovial – so daß, wenn Mars fehlen würde, die marsische Qualität von Widder zu existieren aufhören würde, jedoch nicht die joviale Natur von Jupiter.

Aber, da ein Planet nicht nur in Zusammenhang mit seiner eigenen Natur, sondern auch mit seiner kosmischen Stellung wirkt, welche ständig durch Zeichen und Aspekte mit anderen Planeten variiert, hängt die Wirkung eines Zeichens von beidem ab, der Natur und der kosmischen Stellung seines Herrschers. Die Erfahrung belegt dies, denn falls der Herr des Aszendenten im Exil steht und in Konjunktion, Quadrat oder Opposition zu einem übeltäterischen Planeten, so prophezeit dies für die Bedeutungen des Aszendenten wenig Gutes.

Von hier aus folgt, daß ein Planet nur in Abhängigkeit von dem Zeichen wirkt, in dem er steht, und das Zeichen in Abhängigkeit von der Natur und Stellung seines Herrschers. Die Wirkung eines Planeten in einem Zeichen, das ihm nicht untersteht, hängt von der Natur und der kosmischen Stellung des Zeichenherrschers (Dispositor) ab; dies ist eine Tatsache, die man sich gedanklich immer vor Augen halten muß. Deshalb ist es so, daß man bei der

Ermittlung der Angelegenheiten des Aszendenten, welcher für physische Konstitution, Charakter und Temperament steht, nicht nur den Herrscher des Aszendenten selbst in Betracht ziehen sollte, sondern - falls dieser nicht in seinem Domizil steht - ebenso den Herrscher des anderen Zeichens. Ich nenne diesen Planeten den Zweitherrscher des Aszendenten und er repräsentiert oft den Haupteinfluß, der die Angelegenheiten des Aszendenten gestaltet, und deshalb ist er ein hochsignifikanter Betrachtungspunkt bei der Deutung; und dasselbe gilt ebenfalls für den Herrscher des MC, die Sonne, usw. Jedoch geht niemand soweit, den Herr des Zweitherrschers so zu betrachten, als ob er irgendeine Wirkung hätte, sonst würde er in einem Teufelskreis enden; denn je mehr sich das Licht entfernt, um so schwächer wird es, und dasselbe gilt betreffend dieser Herrscher.

Darüber hinaus gilt: ebenso wie die Wirkung eines Planeten hinsichtlich der ganzen Welt als universell und undeterminiert angesehen werden, aber keineswegs speziell (wie es im Geburtshoroskop eines Individuums der Fall wäre), kann ein Zeichen nicht in seiner universellen Wirkung nur als von der kosmischen Stellung seines Herrschers abhängig betrachtet werden; in seiner speziellen Wirkung auf das Individuum bei der Geburt ist es abhängig von der irdischen Stellung seines Herrschers oder durch dessen lokale Determination im Horoskop. Und daher erhebt die Sonne, als Herr des Aszendenten und im zehnten Haus, den Geborenen zu Ehren, während sie im achten Haus anzeigt, daß er an einem öffentlichen Platz und durch Gewalt sterben kann, wenn er gleichzeitig von Saturn und Mars verletzt wird.

Die Wirkung eines Planeten auf ein Haus ist durch seine Determination aufgrund der Stellung im Horoskop stärker und direkter, als durch Determination durch Herrschaft; was üblicherweise zum Ausdruck gebracht wird mit dem Ausspruch: „Position ist stärker als Herrschaft". Man nehme an, das Zeichen Steinbock stehe im zwölften Haus (was saturnale Gebrechen bedeutet) und der Planet Saturn im zehnten Haus; Steinbock hat seine Natur durch Saturn *initio mundi* erhalten und wird natürlich etwas saturnales bewirken. Krankheiten entstehen nicht wegen Saturn, sondern aufgrund der Stellung von Steinbock im zwölften Haus und da sich dieses Haus auf Krankheiten bezieht, zeigt das saturnale Zeichen Steinbock die besondere Art von Krankheit an; kurz gesagt, verursacht Steinbock im zwölften Haus saturnale Gebrechen. Jedoch ist die Macht, sie zu verursachen nicht dem Zeichen Steinbock eigen, sondern seinem Herrscher Saturn, von dem die Wirkung von Steinbock abhängt, wie an schon anderer Stelle gesagt wurde. Wenn Saturn im zehnten Haus daher einen größeren Einfluß auf die Angelegenheiten des zwölften Haus ausübt als das Zeichen Steinbock im zwölften, wird er einen noch größeren Einfluß über die Angelegenheiten des zehnten Hauses haben, wenn er tatsächlich in diesem steht, weil er im zehnten für sich selbst handelt, aber im zwölften durch Mittlerschaft seines Zeichens. Aus ähnlichen Gründen bezieht sich der Herrscher des ersten Hauses im neunten Haus in Konjunktion zum Herrscher des siebten Hauses mehr auf Religion als auf Heirat, Konflikte, usw.; andererseits neigt der Herrscher des ersten Hauses im siebten Haus in Konjunktion mit dem Herrscher des neunten Hauses mehr zu Ehestand, Rechtsstreitigkeiten und Konflikte an als zu Religion.

Man muß jedoch beim ersten Haus eine Ausnahme machen, dessen essentielle Bedeutungen – die physische Konstitution, Charakter usw. – von hauptsächlicher Wichtigkeit und die Basis von allem anderen sind und welches notwendigerweise als erstes von allen ausgewertet werden muß. Denn es trifft zu, daß der Charakter und andere Bedeutungen des ersten Hauses durch den Planeten, der den Aszendenten regiert, klarer beschrieben sind, als die Angelegenheiten der anderen Häuser beschrieben werden durch irgendeinen Planeten, der gerade in ihnen plaziert ist, selbst wenn dieser Planet in Konjunktion steht mit dem Herrscher dieses Hauses.

Deshalb beschreibt der Herr des ersten Hauses in einem anderen Haus die physische Konstitution, Lebensdauer, Charakter und Wesensart in Übereinstimmung mit den Bedeutungen des Hauses, in welchem er tatsächlich steht; und dieser Planet wird eine noch größere Auswirkung haben, wenn er auch dieses andere Haus regiert. Aber soweit die übrigen Häuser betroffen sind, z.B. der Herr des zwölften Hauses würde im elften Haus versteckte Feinde anzeigen, die eher Freunde werden als umgekehrt; und die Beurteilung ist dieselbe für die anderen Häuser.

Es mag eingewendet werden, daß das Medium Coeli in Angelegenheiten, die Ehren und Beruf betreffen, als wichtiger betrachtet werden sollten denn der Herr des MC, selbst wenn der Herrscher ebenfalls im zehnten Haus steht; was durch Direktionen erwiesen ist. Daher ist es so, daß in den Angelegenheiten des zehnten Hauses nur die Direktionen des MC von Ptolemaeus und seinen Nachfolgern betrachtet wurden und deshalb ist das Zeichen wirkungsvoller als sein Herrscher, egal ob dieser Herrscher im Domizil steht oder nicht.

Ich würde erwidern, daß das MC diese größere Kraft nicht auf Grund eines Zeichens oder Zeichengrades hat, sondern einfach auf Grund der Tatsache, daß ein spezieller Grad die Spitze des zehnten Hauses besetzt, welches der wirkungsvollste Punkt dieses Hauses ist – gleichgültig welcher Grad oder welches Zeichen besetzt ist. Und so wäre die Wirkung eines Planeten, der auch diesen Grad besetzt, noch wirkungsvoller als der Grad selbst, besonders wenn dieser Planet in seinem eigenen Zeichen steht, denn in einem anderen wäre seine Natur auf Grund der Kombination verschiedener Qualitäten schwächer. Man sollte beachten, daß der Herr eines Hauses, wenn er in seinem Domizil steht, bemerkenswerte Kraft besitzt und die Angelegenheiten dieses Hauses, wenn es ein glückliches ist, zu unterstützen vermag, speziell dann, wenn der Planet eine Analogie zu diesem Haus hervorbringt. Denn ein Planet in seinem eigenen Zeichen ist in seiner Qualität ungemischt und nur sich selbst verantwortlich und in seinen Aktionen unabhängig von anderen Planeten. Deshalb ist er sehr stark und im allgemeinen wohltätig. Wenn er in einem unglücklichen Haus steht, solch einem wie dem achten oder dem zwölften, erlöst er von Üblem oder mildert es wenigstens herab. Und selbst Saturn und Mars wirken allgemein auf diese Weise, es sei denn, sie werden durch andere Faktoren verletzt, wie z.B. durch Aspekte mit Planeten die der Natur nach oder durch Determination übeltäterisch sind oder wenn sie quadriert, in Konjunktion oder Opposition zu den Lichtern stehen oder die Herrscher des Aszendenten oder des MC trüben.

Ein Planet, der in einem Haus herrscht und in einem anderen steht, wirkt auf die Angelegenheiten des von ihm beherrschten Hauses so als wäre er in diesem Haus – allerdings schwächer. Er verheißt auch eine Kombination der wesentlichen Bedeutungen eines jeden Hauses, durch die Vermittlung dieses Planeten in Übereinstimmung mit den Kombinationen, die für beide Häuser möglich sind und sich der Natur, der Analogie und kosmischen Stellung des Planeten anpassen würden. Dies darum, weil das Zeichen in einem Haus, auf Angelegenheiten dieses Hauses, in Übereinstimmung mit Natur und der kosmischen und irdischen Stellung seines Herrschers wirkt, wie wir es häufig gesagt haben. Mit irdischer Stellung meinen wir natürlich seine lokale Determination im Horoskop.

Wir müssen jedoch zuerst sicherstellen, ob ein Planet, der in einem bestimmten Haus steht und Herr eines anderen Hauses ist, immer die wesentlichen Bedeutungen beider Häuser kombinieren kann und ob er tatsächlich etwas durch seine Stellung bewirken kann oder nicht, was unabhängig von einer Betrachtung seiner Zeichenherrschaft wäre; dieser Punkt ist von großer Bedeutung bei der Beurteilung.

Erstens. Jeder Planet wirkt durch seine eigene qualitative Kraft und ist unabhängig von dem Zeichen, welches er beherrscht, da er von diesem keine Handlungskraft erhält; im Gegenteil, dieses Zeichen erhält seine Kraft von dem Planeten, der sein Herrscher ist; daher kann ein Planet durch seine Anwesenheit allein wirken, ohne es im Zusammenhang mit seiner Domination zu tun. Dies wird durch die Tatsache bestätigt, daß Saturn im zwölften Haus immer Gebrechen, Gefangenschaft oder Feinde verursacht. Er hat nicht die Macht, dies zu direkt zu erwirken, obwohl seine Natur analog zu diesen Angelegenheiten des zwölften Hauses sein kann, denn Saturn selbst ist indifferent zu Leben, Krankheit, Gesundheit, Wohlstand usw. Noch übernimmt er diese Kraft von seinen eigenen Zeichen Wassermann oder Steinbock oder von den Häusern, in welche diese Zeichen fallen, denn es ist eine Tatsache, in welche Häuser sie auch immer fallen mögen, Saturn im zwölften Haus führt dennoch immer Krankheit herbei. Daraus folgt, daß er diese Kraft ausschließlich von der tatsächlichen Stellung im zwölften Haus hat – dem Haus der Krankheit. Und so bewirkt ein Planet etwas durch die tatsächliche Stellung im Horoskop, unabhängig von seiner Herrschaft in den anderen Häusern des Horoskops.

Zweitens. Ein außerhalb seines eigenen Zeichens stehender Planet bewirkt gewisse Dinge durch seine Domination und andere durch Wirksamkeit seiner Herrschaft über ein anderes Haus. Diese zwei Wirkungen brauchen nicht notwendigerweise irgendeine gegenseitige Verbindung in der Weise zu haben, daß eine unbedingt die andere einbezieht, weil sie von unterschiedlicher Klasse und wirklich ganz verschieden sind.

Drittens. Wenn Saturn, Jupiter, Mars, Venus und Merkur, von denen jeder zwei Zeichen regiert, nicht durch Stellung wirken könnten, ohne gleichzeitig auch durch Herrschaft zu wirken, würde daraus folgen, daß sie, wenn sie außerhalb ihrer Zeichen plaziert wären, immer Kombinationen von den Bedeutungen von drei, vier oder fünf Horoskophäusern einbeziehen würden – sowohl die eine, in welcher der Planet plaziert ist, als auch jene, über die seine beiden Zeichen regieren. Aber dies ist absurd und steht im Gegensatz zur Erfahrung. In kann mein eigenes Horoskop anführen, wo Saturn durch seine eignen Position im zwölften Haus der Signifikator für Krankheit ist; durch Direktion zur Sonne verursachte er um mein achtes Lebensjahr herum, daß ich Quartan-Fieber hatte; und durch die direktionale Quadratur des Aszendenten zu Saturn im Jahre 1616 verursachte er, daß ich mir eine lang andauernde, ernsthafte Krankheit zuzog. Aber obwohl Saturn das neunte, zehnte und elfte Haus regiert, ist es völlig falsch, daß deren Bedeutungen – Religion, Reisen und Beruf – bei diesen Krankheiten mitwirkten oder in irgendeiner Weise mit dieser verwickelt gewesen waren. Ähnlich war im Horoskop von Louis Tronson[37] Jupiter im zehnten Haus und sagte Ehren voraus und regierte das zweite, dritte und fünfte Haus; es ist jedoch falsch, daß diese Ehren durch eine Kombination von Wohlstand, Verwandten oder Kindern in Erscheinung getreten sind; denn nur durch seinen eigenen Verdienst erhielt er von Louis XIII. diese Ehren als Gegenleistung für seinen Rat und Geschicklichkeit, und mit de Luynes, später Staatssekretär, half er Frankreich von der tyrannischen Macht von Concini und Marquis d' Ancre[38] zu befreien. Und wieder hatte Tronson ein äußerst ungewöhnliches Ereignis, als er 18 Jahre alt war. Die Pariser Bürger hatten sich gegen Henri Bourbon, König von Frankreich und Navarra zusammengerottet und den

---

[37] Louis Tronson, geboren 1597. Sein Horoskop wird von Morin oft zitiert.

[38] Der Marquis d' Ancre, ein Florentiener, war vertrauter Ratgeber von Marie de Medici, und Werkzeug für den Aufstieg von Kardinal Richelieu indem er erreichte, daß dieser zum Staatssekretär für Kriegsangelegenheiten ernannt wurde. Der Herzog von Luynes, Staatsmann und zeitweise Polizeichef von Frankreich, überzeugte Louis XIII (damals sechzehn Jahre alt), daß seine Macht im Begriff war von den Italienern, usurpiert zu werden, und er selbst führte den Komplott, der mit dem Mord des Marquis endete. Dies reichte noch nicht aus, seine Frau wurde als Hexe zum Tod verurteilt.

Vater von Tronson selbst ins Parlament gewählt. Er war jedoch ein treuer, wenn auch geheimer Diener des Königs, und wollte das heilige Siegel nicht annehmen. Die Pariser forderten weiterhin, daß zumindest sein Sohn Louis das Siegel akzeptieren sollte und daß, an dem Tag, der dazu bestimmt war, das Siegel aufzudrücken, er es in den Rat bringen und in seiner Anwesenheit auf die erforderlichen Dokumente aufdrücken sollte. Der Vater stimmte aus Furcht vor den Verschwörern im Falle eines Bekanntwerdens seiner Loyalität zum König zu und so erhielt Tronson selbst im Alter von 18 Jahren eine Position im Parlament. Und diese öffentliche Ehre kam durch die Direktion des MC zum Mond, Herrscher des MC und der erste der Planeten im zehnten Haus, zu dem das MC durch Direktion kam. Nichts, was mit Religion oder Reisen zu tun hat war involviert, obwohl der Mond auch Herr des neunten Hauses war. Darüber hinaus ist der Mond selbst durch Direktion zur Venus gekommen – Herrin des Aszendenten, des Merkur und der Sonne. Und dieselbe Art von Dingen kann man für viele Ereignisse sehen, die in anderen Horoskopen gezeigt werden.

Und so können wir schließen, daß ein Planet in einem bestimmten Haus und gleichzeitig Herrscher eines anderen, nicht immer eine Kombination der Bedeutungen beider Häuser hervorrufen muß, sondern manchmal durch seine tatsächliche Stellung wirkt, manchmal durch eine oder die andere Häuserherrschaft, wenn er über mehr als ein Zeichen und Haus herrscht: Die Direktion des Aszendenten zum Mars im ersten Haus, aber Herr des zwölften Hauses, würde sich zum Beispiel auf eine Krankheit beziehen oder zum Herrscher des MC, würde sich auf Beruf oder Prestige beziehen. Manchmal gibt es jedoch eine wirksame Kombination der Natur und Stellung des Planeten mit den Bedeutungen des einen oder anderen der Häuser, die von diesen Planeten beherrscht werden, entsprechend den Kombinationen, die für diese Bedeutungen möglich sind und der Stellung des Planeten selbst, *jedoch* nicht immer in allem gleichzeitig. Auch wird eine

Kombination der Bedeutungen durch Stellung mit denen durch Herrschaft angezeigt, wenn die Kombination zumindest möglich ist, obwohl die Kombination möglicherweise erst in der Zukunft stattfinden wirdt. Es geschieht gelegentlich, da ein Planet, der ein Haus beherrscht, während er in einem anderen steht, hauptsächlich durch seine Stellung wirkt und als eine Konsequenz später die Bedeutung der Position mit jener durch Herrschaft kombiniert; z.B. war Mars im Horoskop von Tronson Herrscher des zweiten Hauses, aber er stand im dritten Haus und war deshalb der Hauptsignifikator seiner Brüder und Schwestern, und durch seine Übeltäternatur zeigte er deren Tod an, besonders weil Saturn auch im dritten Haus war und das vierte Haus regierte. Aber da ein Planet Herrscher des zweiten Hauses und der andere Herrscher des vierten Hauses war, waren die Erbteile und der Reichtum, den Tronson durch den Tod von seinen Geschwistern erhielt, klar angezeigt. Wie geschehen, wurde der von dreizehn Kindern letztgeborene Erbe aller anderen.

Umgekehrt wirkt ein Zeichen in einem Haus, wenn sein Herrscher irgendwo anders positioniert ist, immer in Übereinstimmung mit dessen Natur und kosmischer Stellung im Horoskop. Andererseits, wenn der Herr des MC im achten Haus positioniert wäre, wären die beruflichen Aktivitäten des Horoskopeigners notgedrungen mit Tod oder der Gefahr davor zu kombinieren. Daher könnte eine Kombination nur für eine Zeit in der Zukunft vorhergesagt werden – nicht jedoch fortlaufend oder für jede involvierte Möglichkeit.

Kapitel V

Wie ein Planet, der ein Haus beherrscht aber in einem anderen steht, die Bedeutungen beider Hauses kombiniert

Nachdem, was im vorigen Kapitel festgestellt wurde, ist es klar, daß ein Planet, der ein Haus beherrscht aber in einem anderen steht, mindestens eine Kombination der Bedeutung eines jeden Hauses zu einer zukünftigen Zeit voraussagt. Wir werden hier diskutieren, wie eine solche Kombination stattfinden kann und wie eine Bewertung gemacht werden kann, welche die vielen Dinge einschließt, die in Betracht gezogen werden müssen.

Erstens. Für jedes angenommene Haus gibt es verschiedene essentielle Bedeutungen, wie etwa die physische Konstitution, Gesundheit, Veranlagung und Charakter zum ersten Haus; Krankheit, Gefängnis, versteckte Feinde, falsche Freunde, die den Geborenen verspotten und ihm geheime Feindseligkeiten einbringen für das zwölfte Haus; Heiraten, Rechtsstreitigkeiten und Verträge für das siebte Haus, für das zehnte Haus berufliche Aktivitäten, Ehre und Prestige; und so weiter für die anderen Häuser, wie schon an anderer Stelle gezeigt. Und jedes Haus hat zudem Bedeutung wie etwa die durch das oppositionelle Gegenhaus, aber nur akzidentiell und die Erfahrung wird zeigen, daß dies zutrifft, denn Mars im zweiten Haus kündigt Tod an und Jupiter im achten Haus ist eine Vorhersage von Geld; Saturn im sechsten Haus zeigt Krankheit oder Gefängnis während Venus im zwölften Haus gutes Geschick mit Dienern und Tieren zeigt usw. Dies gilt jedoch nicht für die Herrscher der Häuser. Der Herrscher des vierten Hauses hat keinerlei Einfluß auf die Bedeutungen des zehnten Hauses, es sei denn, er steht tatsächlich im vierten oder herrscht über den Herrn des zehnten Hauses oder den Herrscher des Zeichens dort; und dasselbe gilt für die anderen Häuser in Opposition.

Ein Planet, der durch kosmische Stellung stark steht, hat große Bedeutung für das ihm gegenüberliegende Haus; wenn diese Stellung schwach ist, ist sein Einfluß auch schwächer. Die Opposition eines Planeten zeigt jedoch immer Widerstreit oder Schwierigkeiten bei der Verwirklichung der Angelegenheiten des gegenüberliegenden Hauses, während sie den durch dieses Haus angezeigten Übeln Vorschub leistet.

Man sollte auch bemerken, daß ein Planet im ersten Haus einen Einfluß auf die Angelegenheiten des fünften und des neunten Hauses hat (die Häuser, die in diesem Fall dem Feuertrigon entsprechen) und dies um so mehr, wenn er das neunte oder das fünfte Haus regiert. Entsprechend verhält es sich auch beim Erdtrigon, beim Lufttrigon oder beim Wassertrigon

Zweitens. Es ist klug, sorgfältig zu betrachten, welche Kombinationen für die Bedeutungen der verschiedenen Häuser möglich sind. Denn wenn der Herr vom vierten Haus im fünften Haus steht, würde man wohl nicht sagen, daß der Vater des Geborenen sein Sohn wird, da dies eine Unmöglichkeit ist; aber wir könnten durchaus sagen, daß der Vater des Geborenen für dessen Kinder von Nutzen ist oder, daß seine Söhne das väterliche Erbe des Geborenen erhalten werden oder eine solche Idee entweder ähnlich oder gegensätzlich, wie die Anzeichen sein mögen, da diese Kombinationen möglich sind und aus der Natur und der Stellung des Planeten, der das vierte Haus regiert, vorhergesagt werden könnten. Ähnlich kann der Herrscher des sechsten Hauses im siebten Haus bedeuten, daß etwa eine Ehe zwischen Dienstgeber und Dienstbote eintritt oder aber Prozesse durch die Dienerschaft gegen den Geborenen eingeleitet werden; der Herrscher des siebten Hauses im achten Haus könnte bedeuten, der Ehegatte des Geborenen oder ein offener Feind kann die Ursache für seinen Tod sein.

Drittens. Man muß lernen, mit der größten Sorgfalt zu bewerten, welche dieser möglichen Kombinationen in

Übereinstimmung mit der Natur und kosmischen Stellung des Planeten und mit den allgemeinen Lebensbedingungen des Geborenen selbst sind. Denn einige Ereignisse kommen eher bei einem Prinzen oder Adligen vor, während andere Ereignisse eher bei einem Kaufmann oder Bauer eintreten und wieder andere bei einem Lebemann oder einem Priester, bei einem Mann oder einer Frau, bei Kindern oder bei alten Menschen usw; denn nur die Dinge, die in Übereinstimmung mit solchen wichtigen Lebensbedingungen sind, finden mit Wahrscheinlichkeit statt.

Viertens. Die Bedeutungen der Häuser repräsentieren die verschiedenen Bereiche möglicher Erfahrungen für den Geborenen und die Wirkung der Planeten ist auf diese Erfahrungsbereiche aufgrund ihrer lokalen Determination, Herrschaft oder die Kombination von beidem ausgerichtet. Wenn also der ein Haus beherrschende Planet in einem anderen Haus steht, das heißt ein Planet durch Herrschaft der Signifikator eines Bereiches ist und ein anderer durch Position, stellen diese beiden lokalen Determinationen – entweder getrennt oder in Kombination wirkend – zukünftige Ereignisse oder Erfahrungen dar, so daß zu einer Zeit eine Sache und zu einer anderen Zeit eine andere Sache und wieder manchmal beide zusammen kombiniert stattfinden werden. Wenn z.B. der den Aszendenten beherrschende Planet im sechsten Haus ist und von der Natur und kosmischen Stellung her günstig gestellt ist, sagt er gute Dinge hinsichtlich der Dienerschaft und der Tiere voraus; wäre er von schlechtem kosmischem Zustand, sagt er das Gegenteil voraus. Der Geburtsgebieter im sechsten Haus zeigt an, daß der Geborene zu einer dienenden Stellung neigt, und ein Interesse oder die Beschäftigung mit oder für Diener, Tiere und häusliche Angelegenheiten angedeutet wird. Und wenn der Planet ein Übeltäter ist und in widriger kosmischer Stellung steht, so droht er überdies mit Gefängnis, Verbannung oder Krankheit sowie Verluste und Gefahr durch Diener an, aufgrund der Opposition des zwölften zum sechsten.

Fünftens. Der ein Haus beherrschende Planet, der in einem anderen steht, wirkt nicht nur durch das Haus, das er besetzt sondern auch durch das von ihm beherrschte Haus und durch alle Planeten, die in diesem letzteren stehen. Zum Beispiel zeigt der Dispositor von Merkur im ersten Haus gute geistige Qualitäten, sogar wenn Merkur selbst nicht im ersten Haus steht. Und der Dispositor der Sonne im zehnten Haus verweist auf Ehre und Prestige, und so weiter. Dies ist so, weil jeder Planet einen Einfluß auf den Nativen durch beides hat, einerseits durch den kosmischen Zustand und andererseits die lokale Determination seines Herrschers. Und deshalb wird, wenn der Dispositor des Merkur im ersten Haus und in guter kosmischer Stellung ist, der Einfluß Merkurs in den Angelegenheiten des ersten Hauses übertragen werden und wegen der Analogie, speziell in Bezug auf die mentalen Qualitäten; und dies würde in vorteilhafter Weise geschehen, weil sich sein Herrscher in guter kosmischer Stellung befindet. Die lokale Determination des Dispositors darf hier ausschließlich nur als Position verstanden werden und nicht als Herrschaft in einem anderen Haus herangezogen werden – allenfalls vielleicht nur sehr schwach – weil sonst ein Teufelskreis aufgebaut würde und wir lehnten dies in Kapitel VI ab. Befände sich Venus daher im dritten Haus und ihr auch das zwölfte Haus beherrschender Dispüositor Jupiter stünde im ersten Haus, so wird Venus beim Geborenen durch die Angelegenheiten des ersten Hauses wirken, keinesfalls aber im zwölften Haus. Aber wenn sich Jupiter im zwölften Haus befände und Geburtsgebieter, und Dispositor einer im vierten Haus stehenden Sonne wäre, so würde Jupiter im Geborenen durch seine Domination über das erste und vierte Haus wirken, wie auch als Dispositor der im vierten Haus plazierten Sonne. Aber die Sonne im vierten Haus, deren Wirken bedingt wird durch ihren Dispositor und der Stellung dieses Herrschers, hat keinen Einfluß auf die Angelegenheiten des ersten Hauses, wo der

Dispositor der Sonne tatsächlich nicht körperlich anwesend ist usw.

Das erste Haus zeigt sowohl die wesentlichen Qualitäten des Horoskopeigners selbst an, als auch die zufälligen Merkmale seines Körpers und Geistes, während sich die übrigen Häuser auf Erfahrungsbereiche beziehen, die von grundlegender Bedeutung für den Geborenen sind. Wenn der Herr des ersten Hauses in einem anderen plaziert ist oder der Herr eines anderen Hauses im ersten Haus steht, resultiert daraus eine Kombination der Bedeutungen der zwei Häuser. Zum Beispiel, wenn der Herrscher des ersten Hauses im zehnten steht oder der Herr vom zehnten Haus im ersten, sind für den Horoskopeigner in beiden Fällen berufliche Erfolge, Ehren und Würden angezeigt; jedoch mit dem Unterschied, daß im ersten Fall der Horoskopeigner durch seinen eigenen Willen und Ambitionen dazu stimuliert wird und mit Fleiß darauf hinarbeitet, Anerkennung oder eine wichtige Position zu erlangen, während er im zweiten Fall nicht derart danach strebt, sondern Ehre und Ansehen kommen oft ganz unerwartet auf ihn zu. Ähnlich ist zu beurteilen, wenn der Geburtsherrscher im achten Haus steht oder der Herrscher des achten im ersten Haus steht, denn in beiden Fällen ist ein vorzeitiger Tod angezeigt und der Geborene selbst ist die Hauptursache, entweder weil er sich freiwillig Gefahren aussetzt oder dies unwissend tut, so wie es diejenigen tun, die in ihren übermäßigen Vorsichtsmaßnahmen gegen den Tod zuviel ihrer Energie vergeuden oder mit Unmäßigkeiten versuchen, ihre eigenen Krankheiten zu heilen. In analoger Weise sind die Bedeutungen Gesundheit, Charakter, natürliche Neigungen oder Temperament, die dem ersten Haus entsprechen, mit den Angelegenheiten des jeweils anderen Hauses in Kombinationen verbunden, die sowohl angemessen als auch möglich sind im Hinblick auf die Natur und Stellung des Planeten. Denn diese beiden Betrachtungsweisen sind die wichtigsten um zu beurteilen, ob die Angelegenheiten der kombinierten Häuser sich verwirklichen werden, und ob sie günstig oder ungünstig sein werden, wenn sie eintreten.

Was die in anderen als im ersten Haus stehenden Herrscher anderer Häuser betrifft, muß ein Urteil gefällt werden, indem man das Problem auf drei Arten betrachtet. So zum Beispiel der Herr des zweiten Hauses im siebten Haus. Erstens, der Planet selbst steht im siebten Haus und sagt jeweils in Übereinstimmung mit seiner eigenen Natur oder kosmischen Stellung etwas Gutes oder Schlechtes voraus über Heirat, offene Feinde, Rechtsstreit und Verträge. Da er Herrscher des zweiten Hauses ist, sagt er aus den selben Gründen etwas Gutes oder Schlimmes hinsichtlich Geld. Als Herr des zweiten Hauses im siebten Haus und in guter kosmischer Stellung stehnd würde er Geld durch Heirat oder durch Rechtsstreitigkeiten oder Verträge anzeigen. Wenn er in widriger kosmischer Stellung wäre zeigt er Verlust von Geld durch Heirat, Rechtsstreitigkeiten oder Verträge. Daher entsteht eine Kombination, die entsprechend der Natur und Stellung des Planeten entweder glücklich oder unglücklich ist. Wenn dagegen der Herr des siebten Hauses im zweiten Haus steht, werden dieselben Umstände wie zuvor eintreten, aber wenn der Planet in dieser Kombination ein Wohltäter und in guter kosmischer Stellung stünde, wäre ein Zuwachs an Finanzen entweder durch die Sparsamkeit oder Arbeit des Ehepartners, durch Rechtsstreitigkeiten oder den Vertragspartner angezeigt. Wenn aber der Planet ein Übeltäter in ungünstiger kosmischer Stellung ist, sagt er voraus, daß Räuber, offene Feinde oder der Ehepartner sich mit dem Geld des Geborenen davonmachen. Steht der Herrscher des Medium Coeli im zwölften Haus, werden sich auf ähnliche Weise entweder die Bedeutungen des zehnten Hauses in die Bedeutungen des zwölften Hauses auflösen oder umgekehrt; da die Determination eines Planeten, der das zehnte Haus regiert – und folglich den Ruf und die beruflichen Aktivitäten des Horoskopeigners – stärker durch die Position als durch die Domination bestimmt wird, ist er die Ursache für Krankheit, Gefängnis, Feinde oder Exil. Wenn auf der anderen Seite der Herr des zwölften Hauses im zehnten Haus ist, werden Feinde, Gefängnis, Exile usw. die Ursache für Ehren, Anerkennung und berufliche Aktivitäten sein, besonders wenn der Herrscher ein Wohltäter in guter kosmischer Stellung ist. Das erste Beispiel kann in meinem eigenen Horoskop gesehen werden, wo der Herrscher des MC peregrin im zwölften Haus steht. Das zweite Beispiel ist Kardinal Richelieus Horoskop, wo sich Venus als Herrscherin des zwölften Hauses, sehr nah beim MC befindet. Man muß hier der Natur und Stellung des Planeten Aufmerksamkeit schenken und hinterfragen, ob er eine Analogie zu den Angelegenheiten des Hauses aufweist.

Es sollte darüber hinaus immer sorgfältig beobachtet werden, in welchem Haus der Herr eines anderen Hauses steht, denn in den Eckhäusern ist er stark geneigt, Gutes oder Schlechtes zu verursachen, insbesondere wenn er sich auch im Domizil oder in Exaltation befindet. Er kann in einem Haus stehen, dessen Bedeutungen ähnlich denen des Hauses seiner Herrschaft sind; zum Beispiel zeigt der Herrscher des zweiten Hauses im vierten, siebten oder zehnten Haus eindeutig finanzielle Belange an, denn aus den jeweiligen Entsprechungen dieser Häuser – Erbteile, Heirat, Beruf – würde Geld wahrscheinlicher folgen. Wenn er aber entgegengesetzt gestellt ist, wenn zum Beispiel der Herr des zweiten Hauses im zwölften zuhause wäre, würde der Verlust von Finanzen durch Krankheit, Exil oder Gefängnis angezeigt werden, da sich in diesen Kombinationen die Bedeutungen des Hauses ohne seinen Herrscher gewöhnlich in die Bedeutungen jenes Hauses umwandeln, wo der Herrscher tatsächlich steht. Wenn der Herr des zehnten Hauses im zwölften steht, wird der Beruf des Nativen die Ursache seines Unglücks sein oder er verliert ihn, was mir in meinem medizinischen Beruf geschah, weil Saturn der Herr des zehnten Hauses selbst im zwölften Haus untergebracht ist. Oder der Geborene kann wegen beruflicher Aktivitäten ins Gefängnis kommen.

Aber wenn der Herr des zwölften Hauses im zehnten Haus ist, werden Feinde, Exil, Gefängnis oder Unglück die Ursache für Ehre und Höherstellung bilden, wie es der Fall bei Kardinal Richelieu war, dessen Venus Herrin des zwölften Hauses am MC beziehungsweise innerhalb eines geringen Orbis dazu stand, obwohl sie tatsächlich im neunten Haus stand. Ähnlich verändert der Herrscher des elften Hauses im zwölften Haus Freunde in Feinde, was mir häufig widerfuhr; und der Herrscher des zwölften Hauses im elften Haus verursacht das Gegenteil. Gleichermaßen werden die beruflichen Aktivitäten und der Beruf, falls der Herr des zehnten Hauses im elften Haus ist, dem Geborenen Freunde bringen, während der Herrscher des elften Hauses im zehnten Haus das Gegenteil vorhersagt.

Aus dem Gesagten folgt, daß ein Planet, der Herrscher von zwei Häusern ist und außerhalb dieser Häuser steht, seine Bedeutungen in die Entsprechungen des Hauses, in dem er tatsächlich herrscht, umwandelt oder diese Bedeutungen dadurch wenigstens beeinflußt werden. So sagt der Herrscher des ersten und des achten Hauses im siebten Hause stehend und in ungünstiger kosmischer Stellung voraus, daß der Native von einem offenen Feind getötet oder verwundet werden wird. Aber es sollte immer der Natur des Planeten und seiner Analogie zu den Bedeutungen dieser Häuser größte Aufmerksamkeit geschenkt werden, aber auch seiner kosmischen und lokalen Determinatiom, denn ein Planet in einer schlimmen Himmelsstellung – und besonders, wenn er seiner Natur nach übeltäterisch ist – ist von keinem Wert für die günstigen Häuser, wenn er sie besetzt oder beherrscht. Statt dessen verneint, verhindert oder bringt er Unglück für das Gute, das diese bedeuten. Steht ein solcher Planet jedoch in einem ungünstigen Haus, bringt er klar das Schlechte dieses Hauses hervor, aber nicht das Gute des anderen Hauses, über das er herrscht und so findet keine Umwandlung der Bedeutungen der dominierten Häuser auf die besetzten Häuser statt, es sei denn vielleicht eine ungünstige.

Dem kann entgegengehalten werden, daß ein Haus doppelt zu betrachten sei – ein Primärhaus, was ein fester Raum ist und auch ein Sekundärhaus, das Teil des *caelum* ist, der diesen Raum besetzt. Da das Primärhaus ein fester Raum ist, wäre zum Beispiel das zehnte Haus nicht das Haus von Ehre und Prestige für den Nativen allein, sondern es wäre ein Haus, welches sich auf die Ehre aller beziehen würde, die auf diesem geographischen Punkt geboren sind oder es wäre das Haus von Ehre und Prestige für diesen Platz auf der Erde. Dasselbe würde für das achte Haus und den Tod zutreffen, das siebente Haus und den Ehepartner oder Rechtsstreitigkeiten usw. Wenn daher der Herrscher des dritten Hauses im achten Haus steht, wäre Tod für Brüder und Schwestern angezeigt.

Aber ich würde erwidern, daß die Berechnungen für den Geborenen nicht dieselben sein können wie diejenigen für seine Geschwister, Eltern, Kinder usw. Weil das achte Haus nur an seinem Geburtsort zutrifft, also im Bezug zu dem Geburtshorizont steht, kann daher die Entsprechung des achten Hauses nur Bezug zum ersten Haus haben – d.h. zu dem Geborenen selbst – und nicht zum dritten Haus oder seinen Brüdern. Daher zeigt der Herr des dritten Hauses im achten Haus den Tod für den Horoskopeigner durch seine Brüder als Ursache an, aber nicht Tod für die Brüder. Jedoch ist das zehnte Haus an Stelle acht vom dritten Haus aus gerechnet, und wenn daher der Herrscher des dritten Hauses im zehnten Haus ist, zeigt es den Tod der Brüder an – was häufig beobachtet werden kann und er zeigt ferner Ehre und Vorteil des Geborenen durch seine Geschwister an; woraus geschlossen werden kann, daß der Native auf den Tod des Bruders hin in dessen Stellung und Besitzstand nachfolgen oder durch Erbschaft erlangen wird.

Wiederum muß jedoch jedem Planeten Aufmerksamkeit geschenkt werden, mit dem der Herrscher eines bestimmten Hauses in Konjunktion steht, denn der Geburtsgebieter in Konjunktion mit der Sonne macht wahrscheinlich zum Umgang mit Königen oder wichtigen Personen geneigt, wie er auch zu Ruhm, gutem Leumund und Ehren verhilft. Der Herr des zweiten Hauses in günstigem Aspekt zu Jupiter birgt ein gewisses Versprechen von Geld; der Herrscher des achten Hauses verbunden mit Mars droht mit einem gewaltsamen Tod oder dessen Gefahr. Entsprechendes gilt auch für die anderen Planeten, mit gebührender Beachtung des dominierten Hauses und jeder möglichen Analogie zu dem Planeten, der mit dem Herrscher dieses Hauses in Konjunktion steht. Darüber hinaus sollte man bei der kombinierten Betrachtung der beiden Planeten beachten, über welche Häuser diese herrschen, denn wenn der Herr des ersten Hauses mit dem Herrscher des zwölften oder des achten Hauses in Konjunktion steht, wird eine Krankheit oder Tod angezeigt. Wenn er eine Konjunktion mit dem Herrscher des zehnten oder elften Hauses hat, zeigt dies Erfolg im Beruf oder mit Freunden an. Ähnlich liegt der Fall, wenn der Herr des zweiten Hauses mit dem Herrscher des zehnten Hauses zusammenfällt, denn dann wird Geld durch den Beruf und durch persönliche Anerkennung vorhergesagt. Steht der Herr des zwölften Hauses in Verbindung mit dem Herrscher des achten Hauses, werden sich Krankheit und Gefängnis als gefährlich für das Leben des Nativen erweisen.

Darüber hinaus muß gesagt werden, daß die Bedeutung des achten Hauses – Tod – nichts Greifbares und nichts Verursachendes ist und kein weiteres Ereignis hervorbringen kann, sondern statt dessen nur durch die Inhalte eines anderen Hauses verursacht werden kann. Und daher verursacht der Herrscher eines Hauses im achten Haus Tod durch die Angelegenheiten oder Personen dieses anderen Hauses, welche tatsächlich in die Bedeutung des achten Hauses aufgehen. Zum Beispiel, sagt der Herr des zwölften Hauses im achten Haus voraus, daß eine Krankheit die Ursache des Todes sein wird oder daß der Geborene im Gefängnis sterben wird. Der Herrscher des siebten Hauses im achten Haus besagt, die Ehefrau oder irgendein Konflikt ist die Todesursache; der Herrscher Medium Coeli im achten Haus bedeutet, der Beruf oder die Stellung sind Auslöser; der Geburtsgebieter im achten Haus bedeutet, der Geborene selbst wird seinen eigenen Tod verursachen; der Herr des zweiten Hauses verweist auf Gier oder gar Diebstahl, usw. Andererseits ist der Herrscher des achten Hauses in einem anderen Haus ein Anzeichen für eine indirekte Todesursache durch die Bedeutung dieses besetzten Hauses. Zum Beispiel sagt der Herrscher des achten Hauses im siebten Haus voraus, da der Native nicht durch die Tat seiner Ehefrau selbst sterben wird, sondern durch die Ehefrau als irgendeine indirekte Ursache oder wirkende Kraft; im elften Haus wegen eines Freundes, usw. Wenn ein Planet im achten zwei weitere Häuser regiert, sollte man durch eine Betrachtung der unterschiedlichen Bedeutungen der beiden dominierten Häuser der Tatsache Rechnung tragen, mit welchem das achte Haus eher oder vernünftigerweise übereinstimmt und mit welcher der Häuserbedeutungen der Planet im achten Haus wahrscheinlicher zusammenwirken würde, um den Tod des Nativen zu verursachen; daraus wird ein Urteil abgeleitet.

Kapitel VI

ZWEI PLANETEN ALS GEMEINSAME HERRSCHER EINES EINZELNEN HAUSES; EIN EINZELNER PLANET BEHERRSCHT MEHR ALS EIN HAUS

Wenn ein Planet über das Haus herrscht, in dem er steht, so ist die Bedingung der Angelegenheiten dieses Hauses leicht zu bewerten und dies fällt sogar noch leichter, wenn der Planet im Domzil steht; aber es ist am leichtesten, wenn sowohl Domizil als auch die Position zusammenfallen, weil die Angelegenheiten dieses Hauses dann nicht direkt durch irgendwelche anderen Faktoren beeinflußt sind.

Aber wenn mehr als ein Planet dasselbe Haus beherrschen, was immer bei eingeschlossen Zeichen der Fall ist, so sind die Angelegenheiten dieses Hauses Kräften verschiedener Art und Natur unterworfen; daher ist ihr Zustand eine Mischung – ohne Einheit oder Einheitlichkeit und manchmal sogar widersprüchlich. Und dies ist wahrscheinlicher so, wenn einer der Herrscher ein Wohltäter ist, während der andere ein Übeltäter ist, aber am offenkundigsten ist es, wenn zusätzlich einer aufgrund der kosmischen Stellung stark ist, während der andere schwach ist und beide sich im Quadrat oder in Opposition zueinander befinden.

Der Planet, welcher die Hausspitze regiert, nimmt jedoch in der Bewertung der Angelegenheiten dieses Hauses Vorrang ein, aber der andere Planet sollte unter keinen Umständen vernachlässigt werden. Dies ist einleuchtend, weil die Spitze eines Hauses der wirksamste Punkt desselben ist, wie wir an anderer Stelle gezeigt haben; und da die Auswirkung des Zeichengrades an der Spitze an der Qualität seines Herrschers gemessen wird, folgt, daß dieser Planet stärker als irgendein Co-Herrscher[39] ist, insbesondere wenn er eine Analogie mit den Bedeutungen des Hauses hat, durch die kosmische Stellung stärker ist und zusätzlich in diesem Haus ist oder in einem stärkeren Aspekt zu einem Planeten in diesem Haus steht. Die folgenden Punkte müssen beachtet werden: Ob beide Wohltäter oder Übeltäter sind; oder ob einer Wohltäter und der andere Übeltäter ist; ob einer durch kosmische Stellung stark und der andere schwach gestellt ist; ob beide durch kosmische Stellung stark sind oder beide schwach oder ob einer stark und der andere schwach ist; ob beide in dem selben Haus stehen, beide ausserhalb oder einer innerhalb und einer außerhalb; auch welcher die Spitze beherrscht oder ihr näher ist oder den stärkeren Aspekt zu ihr oder zu einem Planeten im Haus hat. Das Urteil wird gebildet aus

---

[39] Die Co-Herrscher beziehen sich auf ein Haus, das ein eingeschlossenes Zeichen beinhaltet.

den Bedingungen, die nach Beachtung all dieser Faktoren gefunden werden.

Wenn derselbe Planet mehrere Häuser beherrscht oder regiert – und selbst wenn er keines dieser besetzt – ist eine Kombination der Bedeutungen jedes der dominierten Häuser nichts desto weniger angezeigt. Der Planet, der den Aszendenten und das MC beherrscht, verspricht zum Beispiel Anerkennung in beruflichen Aktivitäten. Der Planet, der das siebte und achte Haus beherrscht verspricht Gefahr oder Tod von Feinden, insbesondere wenn er übeltäterisch und in ungünstiger kosmischer Stellung steht. Man sollte jedoch bemerken, zu welchem Haus der Planet die offensichtlichste Analogie aufzeigt, denn die Bedeutungen dieses Hauses werden Vorrang einnehmen. Aber wenn dieser Herrscher in einem anderen Haus steht, muß die Beurteilung entsprechend der Methode, die in Kapitel IV aufgezeigt worden ist, vorgenommen werden.

Kapitel VII

DIE DETERMINATION DER PLANETEN DURCH EXALTATION UND TRIPLIZITÄT

Es ist für den Astrologen mit einiger Erfahrung ein Gemeinplatz, daß ein Planet, der im Zeichen seiner Exaltation positioniert ist, größeren Einfluß auf die guten oder schlechten Bedeutungen des Hauses hat, in dem er steht oder über welches er herrscht. Es ist auch anerkannt, daß ein exaltierter Planet jeden anderen Planeten durch seine Konjunktion oder seinen Aspekt stärkt. Was wir hier bestimmen wollen, ist, ob ein Planet, der *nicht* in seiner Exaltation ist, irgendeinen Einfluß auf das Haus hat, in welches das Zeichen seiner Exaltation fällt oder auf die Bedeutung eines Planeten, der dieses Zeichen besetzt. Wenn die Sonne z.B. im zehnten Haus im

Krebs steht, Jupiter sich aber nicht im zehnten Haus befindet, stellt sich die Frage: wird Jupiter durch Krebs – das Zeichen seiner Exaltation – irgendeinen Einfluß auf das zehnte Haus oder auf die Sonne haben ? Daß dies in der Tat so wäre, wird von allen Astrologen, einschließlich Ptolemaeus, bestätigt. Denn Ptolemaeus behauptet in Buch II Kapitel 2 der TETRABIBLOS, betreffend dem Herrscher einer Eklipse und auch im Buch III, Kapitel 13, betreffend der Elektion des *Apheta*[40], daß ein Planet in den bedeutenden Stellen des Horoskops stärker ist, falls er im Domizil, in Exaltation oder in Triplizität ist. Daraus folgt, daß ein Planet, der Einfluß auf die Deutung einer Eklipse auf Grund seiner Herrschaft über deren Zeichen hat, auch einen gewissen Einfluß haben müßte, wenn er sich im Zeichen seiner Exaltation befände. Und dasselbe Prinzip wäre anzuwenden, um zu entscheiden, welcher Planet von denjenigen in den wichtigen Horoskophäusern der stärkste im Horoskop ist oder auf jeden Fall, welcher der stärkste von mehreren ist, die zusammenstehen.

Und daher, obwohl in fast keinem Horoskop erfahrungsgemäß eine Wirkung einfach reduziert werden kann auf die Ursachen, die durch lokale Determination, Herrschaft und Aspekte gezeigt werden, legt die Hausstellung des Zeichens eines exaltierten Planeten auch seinen eigenen, besonderen Effekt dar. Im Horoskop des Prinzen Gaston de Foix z.B. ist Saturn im siebten Haus und das Zeichen der Exaltation dieses Planeten ist im vierten Haus, was zeigt, daß er durch seine Frau Eigentümer sehr ausgedehnter Güter wurde – und dies sogar von zwei Provinzen. In meinem eigenen Leben ist ein nahezu dauerhafter Wunsch nach Berühmtheit durch den Mars in meinem Horoskop angezeigt, der den Aszendenten und damit das Leben beherrscht, während er in das Zeichen der Erhöhung des Jupiter gestellt ist und all die anderen Planeten mit

---

[40] *Apheta:* der Planet der in der alten Astrologie über das Leben des Menschen entscheidet. Gemeint ist der Geburtsgebieter, also der Herrscher über den Aszendenten. In Bezug auf die Frage der Lebensdauer spricht man vom *Hyleg*.

der Ausnahme von Merkur im Zeichen der Exaltation der das erste Haus mitherrschenden Venus stehen; aber vielleicht hauptsächlich durch die Erhöhung von Sonne und Mond im ersten Haus bezieht sich dies auf meinen Charakter und mein Temperament. Als Ergebnis davon bin ich übermäßig geneigt, mich anderen aufgrund meiner intellektuellen Begabungen und wissenschaftlichen Kenntnisse überlegen zu fühlen, und es ist für mich sehr schwierig, gegen diese Tendenz anzukämpfen, außer die Erkenntnis meiner Sünden beunruhigt mich und ich sehe mich selbst als niederträchtigen und verachtenswerten Menschen. All diese Umstände haben sicher bewirkt, daß mein Name in der ganzen Welt berühmt wurde. Viele Beispiele dieser Art können gefunden werden, so daß es nicht müßig erscheint, ein Urteil der Angelegenheiten eines bestimmten Hauses aus der Betrachtung von beidem zu fällen, dem Planeten, der das Haus regiert und auch dem Planeten, der in diesem Zeichen exaltiert ist. Wenn zum Beispiel Waage am Aszendenten steht, sollte der Charakter aus einer Betrachtung des Zustandes von Venus wie auch von Saturn beurteilt werden. Ganz ähnlich, wenn Saturn in der Waage wäre, denn dann müßte man die Wirkung von Saturn sowohl aus der Tatsache seiner Exaltation beurteilen wie auch aus den Umständen des Dispositors Venus und aus der Beziehung zwischen beiden; denn wenn Venus in guter kosmischer Stellung wäre und durch Konjunktion oder Trigon zu Saturn in Beziehung stünde, wird dies die Macht von Saturn verstärken. Wenn die Sonne sich wiederum in den Fischen befindet, ist ihre Wirkung dort durch den Zustand von beidem beeinflußt, dem Zeichen von Jupiter, und daher durch Jupiter selbst, aber auch durch den Zustand von Venus, die in den Fischen exaltiert ist. Dies ist erwiesen durch Zeugnis, Vernunft und Erfahrung; das Zeugnis ist das Vermächtnis der Alten, die festgestellt haben, daß an jedem Punkt des *caelum* der Planet mächtiger ist, der dort die Würden von Domizil, Exaltation oder Triplizität innehat. Dies ist vernünftig, da der Planet durch keine

111

andere Ursache an diesem Platz machtvoll sein soll, außer durch diese Würden und wenn er keinen Einfluß hätte, der aus diesen Würden hervorginge, wäre es unrichtig zu sagen, daß er an diesem Platz machtvoll wäre. Und schließlich macht es die Erfahrung aus den obigen Beispielen deutlich. Nichtsdestoweniger, während andere Faktoren gleich sind, nimmt der Herr eines Zeichens Vorrangstellung ein über den Planeten in Exaltation, aber beide müssen in Betracht gezogen werden.

Hinsichtlich der Trigonokratie haben die Araber üblicherweise fast alles aus den Herrschern der Triplizitäten vorausgesagt, und dies kann durch das Lesen ihrer Bücher herausgefunden werden; aber weil bis jetzt keine Sicherheit unter Astrologen hinsichtlich dieser Herrscher der Triplizitäten bestand, ist es kein Wunder, daß diese Voraussagen von Irrtümern wimmeln. In der Tat waren sie nur insoweit genau, als der irrtümliche Gebrauch der Triplizitäten der Alten zufällig mit dem logischen und gültigen System übereinstimmt, das wir an anderer Stelle bereits gegeben haben; dies kann nachgewiesen werden durch Vergleiche der von uns gegebenen Triplizitätenbeziehungen mit denen, die auf Albohali[41] zurückgehen, der Glück oder Unglück für den Geborenen anhand der Herrscher der Triplizität des Sonnenzeichens beurteilt, wenn es eine Taggeburt, oder aber anhand von den Herrschern der Triplizität des Mondzeichens, wenn es eine Nachtgeburt ist. Solche Urteile wären jedoch völlig universell und für die gesamte Erde gleich und sind von daher absurd. Tatsache ist, nichts kann aufgrund der Herrscher der Triplizitäten vorausgesagt werden, was nicht von der Planetenstellung, der Herrschaft und den Aspekten

---

[41] Albohali Alchait (Abu'Ali al-Khayyat) arabischer Astrologe der im 9. Jh n. Chr. lebte. Neben einem Werk über die Puktierkunst schrieb er ein weitverbreitetes Buch über die Geburtsastrologie, das 1546 unter dem Titel *Albohali Arabis Astrologi antiquissimi,ac clarissimi de judiciis nativitatum liber unus, antehac non editus* in Nürnberg erschien.

mit größerer Genauigkeit oder Sicherheit vorausgesagt werden kann.

Im ersten Horoskop von Albohali, das eine Nachtgeburt betrifft, beherrscht der Mond das zweite Haus und steht selbst im sechsten Haus, in Konjunktion mit Saturn im Skorpion, wo sich der Mond im Fall befindet. Mars jedoch, der Herrscher des Mondes, ist im Wassermann mit einem Quadrat zu Mond und Saturn; welche eindeutigeren Hinweise auf Armut könnte der Herr des zweiten Hauses überhaupt zeigen? Und so war die Ursache für Armut auch ohne eine Zuordnung nach Triplizitäten ganz offensichtlich und allein durch die von uns gegebenen Herrscher angezeigt. Nach Albohali ist der Mond jedoch bei Nacht der Hauptherrscher seiner Triplizität mit Mars als Partner; Mond und Mars sind in fallenden Häusern, der Mond im sechsten, der Mars im neunten – und dies ist nach der Methode von Albohali ein ausreichender Beweis. Aber ich glaube, daß der Mond im Fall, der das zweite Haus beherrscht und zugleich durch die Konjunktion mit Saturn und durch das Quadrat von Mars verletzt ist, ein sehr viel bedeutenderer und verläßlicher Hinweis ist.

In Albohalis zweitem Horoskop, welches eine Taggeburt betrifft, steht die Sonne im Wassermann im elften Haus und in Konjunktion mit Merkur. Gemäß beiden, Albohali und mir selbst, waren Saturn und Merkur Triplizitätenherrscher der Sonne. Aber Saturn ist mit Mars in Konjunktion im Skorpion im achten Haus und Saturn und Merkur sind in fixen Häusern, woraus Albohali vorausgesagt hat, daß der Geborene das höchste öffentliche Amt und großen Wohlstand erreichen würde. Solche Dinge könnten jedoch nicht stattfinden durch Saturn und Merkur, da sie im Quadrat stehen, aber statt dessen durch andere, stärkere und offensichtlichere Ursachen – durch Venus, Herrin des zweiten Hauses, im zehnten Haus und im Trigon zur Spitze des zweiten Hauses und damit in ihrer eigenen Triplizität; und auch von Jupiter im vierten Haus und in seiner Erhöhung, wie auch in gegenseitiger Rezeption mit dem Mond. Da Jupiter und Venus in so günstiger kosmischer Stellung sind und durch ihre Natur eine Entsprechung zu Wohlergehen haben, außerdem auch in Beziehungen stehen, die eine hohe Position und Reichtum anzeigen, werden Ehren und Wohlstand von ihnen ausgehen. Die Übeltäter im Trigon zu Jupiter und im Sextil zu Venus werden nicht im Wege stehen, sondern werden ebenfalls assistieren, da sie im achten Haus sind, welches durch Opposition zum zweiten Geld anzeigt. Diese Schlußfolgerungen sind natürlich in Übereinstimmung mit der oben aufgezeigten Interpretationsmethode.

Von Albohali und anderen alten und gegenwärtigen Astrologen könnte ich viele Beispiele zitieren, die eine ähnliche Annäherung zeigen. Wir können nun sagen, daß die Triplizitätenherrscher einen gewissen Einfluß haben und es möglich ist, ein Urteil aus ihnen herzuleiten, denn wenn der Einfluß eines Zeichens irgendeine Veränderung erfährt, wird es in einem gewissen Maß die anderen Zeichen der Triplizität, auf Grund der Ähnlichkeit ihrer Naturen, berühren. Aber die Zeichen handeln in Übereinstimmung mit der Natur und dem Zustand ihrer Herrscher, wie oft festgestellt wurde, und ein Urteil, welches auf dem Herrscher eines Zeichens beruht, ist sehr viel verläßlicher als eines, welches auf dem Triplizitätenherrscher basiert, denn der Herr eines Zeichens ist eine wahrscheinlichere Ursache und eine, von der die Handlungsweise des Zeichens wesentlich abhängt; der Herrscher der Triplizitäten ist jedoch eine entferntere Ursache und eine, von der die Handlungsweise des Zeichens nicht wesentlich abhängt. Ich behaupte auch, daß der Einfluß der Aspekte sehr viel wichtiger ist, als die Kraft der Triplizitätenherrscher, denen ich einen untergeordneten Wert zuordne, da sie aus der generellen Übereinstimmung in der grundlegenden Natur der Zeichen derselben Triplizität resultiert, wie weit die Zeichen in anderer Hinsicht auch voneinander abweichen mögen. In der Tat ist Krebs seiner Natur nach ein lunares Zeichen, während Skorpion marsisch und Fische jovial ist, aber alle drei sind von wässriger Natur. Und ich glaube auch, daß eine Betrachtung der Triplizitätenherrscher eher Gültigkeit im Hinblick auf Temperament und Charakter hat, als in der Beurteilung anderer Umstände oder Ereignisse.

Und so ist die Herrscherwürde über ein Haus – wenn andere Dinge gleich sind – bedeutender als die Würde durch Erhöhung in diesem Haus, aber dieses ist wiederum bedeutsamer als die Würde durch Triplizität. Aber es ist sicher, daß ein Planet die Angelegenheiten der Häuser durch seine Würde von Herrschaft, Exaltation und Triplizität beeinflußt – wo immer dieser Planet sein mag – und ob er irgendeinen Aspekt zu diesen Häusern sendet oder nicht. Die früher gegebenen Erklärungen beziehen sich auf Domizil und Exaltation, die einen einzelnen Planeten betreffen, aber da sich bei einer Triplizität drei Planeten auf dasselbe Zeichen beziehen, sollte man beachten, ob das Horoskop eine Tag- oder eine Nachtgeburt betrifft, so daß dann nur zwei Planeten in Betracht gezogen werden müssen; einer von diesen wird der Hauptherrscher der Triplizität sein, während der andere nur von sekundärer Bedeutung sein wird.

Es ist eine weit verbreitete Ansicht, daß ein Planet im Domizil Stabilität oder Dauerhaftigkeit anzeigt; in Exaltation zeigen sich plötzliche und wichtige Veränderungen; in Triplizität zeigt sich lediglich eine Assoziation oder Verbindung der Bedeutungen der durch das Trigon betroffenen Häuser. Ptolemaeus beurteilt in Aphorismus 72 seines CENTILOQIUMS[42] das Heranwachsen und die Ausbildung des Geborenen vom Triplizitätenherrscher des Aszendenten, und seine „tatsächlichen Lebensumstände" vom Triplizitätenherrscher des Mondes. Cardanus behauptet, daß Planeten, die in verschiedenen Triplizitäten stehen, einem Menschen

---

[42] *"Alles was die Ausbildung der Seele angeht, schließe aus den Herren des Trigons, dem der Aszendent angehört; was den Lebenslauf anbelangt, dagegen aus den Herren des Trigons des bezüglichen Hauptlichts."*

Fähigkeiten in viele Richtungen verleihen, aber wenn sie in der gleichen Triplizität stehen die Befähigung für weniger Dinge, dafür aber mit größerer Vortrefflichkeit darin; und dies ist, so finde ich, sehr wahr.

Kapitel VIII

DIE DETERMINATIONEN DER PLANETEN DURCH EXIL UND FALL

Von einem Planeten, der im Exil oder Fall steht wird gesagt, daß er sich in ungünstiger kosmischer Stellung befindet, weil er sich in Zeichen steht, die seiner eigenen Natur und Qualität entgegengesetzt sind; diese Position ist natürlich universell und hat Bezug zur ganzen Welt. Im Exil ist die Kraft des Planeten hinfällig, während sie im Fall geschwächt und inaktiv wird. Wenn ein Planet peregrin steht, ist er nicht in einem Zustand der Schwäche, da das Zeichen weder im Gegensatz zur wesentlichen Qualität, noch von Einfluß auf den Planeten ist. Ein peregriner Planet steht nicht in seinem eigenen Zeichen z.B. im Domizil oder in Erhöhung, noch in den entgegengesetzten Zeichen, sondern einfach in einem neutralen. Die Sonne im Wassermann und in der Waage ist in ihrem Exil und Fall, während sie in den Wasser- und Erdtriplizitäten sowie in den Zwillingen peregrin steht; dasselbe gilt auch für die anderen Planeten. Daher handelt ein Planet, der peregrin steht, in gewisser Weise als Mittler zwischen guter oder schlechter kosmischer Stellung; dies muß jedoch immer essentiell verstanden werden, weil ein peregriner Planet akzidentiell in einer besseren Stellung sein könnte und größere Auswirkungen haben könnte als ein anderer, der essentiell gut gestellt ist, vorausgesetzt der peregrine Planet hat starke und günstige Aspekte mit anderen Planeten.

Aber die Frage hier lautet nicht, ob ein Planet im Exil oder im Fall einen Einfluß auf das von ihm besetzte Haus hat, denn dies ist eine Tatsache, welche die Erfahrung zutreffend lehrt. Zum Beispiel verursacht Saturn im Exil im zwölften Haus ernsthafteste Krankheiten, im achten Haus einen schrecklichen Tod; im Fall im zehnten Haus macht Saturn den Geborenen träge und faul oder zeigt eine mittelmäßige Beschäftigung an oder verhindert Ehren und Ruhm völlig oder bringt einen Sturz von eben diesen oder bringt Ungnade über den Geborenen. Saturn würde solche Dinge nicht verursachen, stünde er an diesen Orten nicht in Exil oder Fall. Gleicherweise prophezeit der Herrscher des Aszendenten oder MC im Exil oder im Fall Übel für die Fragen dieser Häuser. Statt dessen ist jetzt die Frage, ob ein Planet irgendeinen Einfluß auf die Angelegenheiten des Hauses hat, welches das Zeichen seines Exils oder Falls besetzt, wenn der Planet selbst in einem anderen Haus steht.

Obwohl es in dieser Angelegenheit scheinen mag, daß die astrologischen Ursachen bestimmter Auswirkungen bereits ausreichend erklärt worden sind und daher keine weiteren Determinationen von Nöten sind, zeigen aber sowohl Vernunft als auch die Beobachtung, daß diese Determination einen wahrnehmbaren Einfluß haben kann. Es ist klar, daß jeder Planet, der sich in einem gegebenen Haus und in seinem Domizil oder in Erhöhung befindet, im gegenüberliegenden Haus das Zeichens seines Exils oder Falls hat, wo er ebenso übel für die Angelegenheiten dieses Hauses gestellt wäre, da die Bedeutungen von Oppositionshäusern zu einem gewissen Grade gegensätzlich oder verwandt sind. Diese Tatsache hat viele alten Astrologen, einschließlich Ptolemaeus, in die Irre geführt, da sie glaubten, das sechste Haus beziehe sich essentiell auf Krankheiten und das elfte auf Kinder, während sie diese Beziehungen tatsächlich nur akzidentiell durch ihre Opposition zum zwölften und fünften Haus haben. Daher wird ein Planet im Domizil im sechsten Haus einen Einfluß auf die Bedeutung des zwölften Hauses haben, aber es wird aus zwei Gründen ungünstig wirken: Erstens durch die Opposition, die von Natur aus negativ geprägt ist und zweitens dadurch, daß der Planet im Oppositionshaus exiliert steht – denn was könnte ein Planet einem Ort, wo seine Natur und Qualität beeinträchtigt würden, Gutes bringen?

Erfahrungen, die diese Theorie erläutern gibt es viele, aber ich will hier von meinen eigenen sprechen. Ich habe Jupiter und Venus im zwölften Haus in den Fischen – dem Domizil von Jupiter und der Exaltation von Venus – und ich bin von vielen ernsthaften Krankheiten gerettet worden und konnte es häufig bewerkstelligen, Gefangenschaften zu entrinnen. Ich konnte vielen geheimen Feinden entkommen, selbst solchen von großem Einfluß, die angezeigt werden durch meine Sonne im zwölften Haus, so daß sie trotz all ihrer Macht und ihres bösen Willens nicht in der Lage waren, mir nachhaltig Schaden zuzufügen. Dagegen war ich immer unglücklich in der Wahl meiner Dienste für andere, mit der Ausnahme von zwei Gelegenheiten, als ich noch ein junger Mann und Student war.

Daher glaube ich, daß es ausreichend klar ist, daß auch diese Determination nicht gänzlich mißachtet werden sollte, wie sehr auch die Ursache der Auswirkungen gewöhnlich auf andere Weise ausreichend erklärt werden könnte. Infolgedessen sollte Mars in der Waage, dem Domizil der Venus, dem Exaltationszeichen des Saturn und der Triplizität von Saturn, Venus und Merkur, als im Exil stehend betrachtet werden; usw. für die anderen Planeten. Es kann dem entgegengehalten werden, daß diese Determination, falls sie tatsächlich eine bedeutende Auswirkung hat, beim Voraussagen und Beurteilen eindeutig immer mit in Betracht gezogen werden sollte, was in der Tat zu hoffnungslosen Widersprüchen und Verwirrungen führen würde. Deshalb hat es keinen Sinn.

Ich sage, daß dieser Schluß nicht richtig wäre, denn in den obigen Beispielen kann weder Verwirrung oder Widerspruch der Bedeutungen entdeckt werden; ganz abgesehen davon sind die Bedeutungen von einander gegenüberliegenden Häuser durchaus nicht unvereinbar miteinander. Folglich kann diese Determinationsart keineswegs vernachlässigt werden, ebenso wie die Determinationen aufgrund von Aspekten rechts und links jedes einzelnen Planeten betrachtet werden müssen. Es ist jetzt offenbar, wieviele Dinge bei der Ermittlung der Wirkung eines bestimmten Planeten in Betracht gezogen werden müssen: seine Position, das oppositionelle Haus, sein Domizil, die Erhöhung, die Triplizität, Exil, Fall und die Aspekte, ebenso müssen aber auch Domizil, Exaltation und Triplizität seines Dispositors studiert werden. Dies erschwert zwar ein genaues Urteil, zumindest für menschliche Möglichkeiten – aber es ist nicht unmöglich, da die Hauptwirkung der Natur und Stellung des mächtigsten oder bedeutendsten Planeten folgt.

Wäre darüber hinaus Widder am Aszendenten, beeinflußt dieses Zeichen den Aszendenten entsprechend der Natur seines Herrschers Mars, und zwar entgegengesetzt zu der Natur von Venus; steigt der Aszendent im Löwen auf, so wirkt er nach der Natur der Sonne, aber gegensätzlich zur Natur von Saturn.

Obwohl in diesen Fällen nach dem oben angeführten auch an eine Exilwirkung von Venus und Saturn auf die Belange des Aszendenten denkbar wären, wird man doch von dieser Annahme Abstand nehmen, wenn diese Planeten sonst keine Beziehung zum Aszendent haben. Aber wenn Jupiter Herrscher des Aszendenten wäre und im Trigon zu diesem, wäre der wohltätige Einfluß durch die Würde verstärkt, die Jupiter im Aszendentzeichen hätte. Während wenn das Zeichen des Exils von Saturn am Aszendenten stünde und ein Quadrat oder eine Opposition zu diesem hätte, würde die schlechte Wirkung des Aspekts dadurch verstärkt werden, daß er in das Exil fällt (z.B. Löwe oder Krebs). Es folgt daraus, daß eine gegensätzliche Natur dem aufsteigenden Zeichen (z.B. Löwe oder Krebs) selbst innewohnt, da sein Einfluß in Übereinstimmung mit der Natur seines Herrschers ist, aber Saturn könnte keinen Einfluß dort haben ohne einen Aspekt in dieses Zeichen.

Wenn daher der Aszendent (Löwe) und irgendwelche schlechten Einflüsse auf ihn bewertet werden sollen, würde man dem

Saturn, ohne daß er ein Quadrat oder eine Opposition dazu hat, keine Beachtung schenken; entsprechendes gilt für die anderen Zeichen.

Kapitel IX

DIE DETERMINATION DER PLANETEN DURCH ASPEKTE; DIE GENERELLE BEDEUTUNG DER ASPEKTE

Die Bedeutung der Aspekte oder Planetenstrahlen, besonders wenn sie einen Planeten in der Direktion treffen – ist von allen Astrologen beobachtet worden und sie verdienen besondere Aufmerksamkeit. Der Einfluß der Konjunktion eines Planeten ist in direkter Übereinstimmung mit der grundlegenden Eigenschaft dieses Planeten. Aber seine anderen Aspekte – Opposition, Quinkunx, Trigon, Quadrat, Sextil, und Halbsextil – müssen durch jene elf Punkte des *Primum Caelum* wirken, welche durch diesen Planeten und die Natur des betreffenden Aspekts abgewandelt werden. Mit anderen Worten, jene Punkte, die eine akzidentielle Determination durch die unterschiedlichen Aspekte erhalten, haben einen Einfluß, der in Übereinstimmung mit der Natur des Winkels ist, den sie formen und hängen sowohl von der Natur, Macht als auch dem Zustand des Aspektpartners ab. Ein Planet kommuniziert universell – d.h. mit der gesamten Erde – und seine eigene qualitative Macht drückt er durch seine Aspekte aus, dies aber auf unterschiedliche und spezifische Weise, jeweils abhängig von der Natur oder Art des Aspektes. Und daher resultieren aus diesem Aspekt, obwohl dessen Kraft universell ist, unterschiedliche Wirkungen. Aber selbst mit den gleichen Aspekten berührt der Planet jedes Einzelwesen individuell über die Angelegenheiten der beteiligten Häuser, in welche seine Aspekte fallen. Genau gesagt haben die Planeten keine gute oder schlechte Auswirkung aufeinander durch ihre Aspekte. Wenn man z.B. von der Sonne sagt, daß sie im Quadrat zu Mars steht, so bedeutet dies exakt, daß der Punkt des Quadrates von Mars auf dieselbe Stelle im Tierkreis fällt, an der die Sonne steht und somit auf die Sonne selbst und zusammen wirken beide auf die sublunare Welt in genau derselben Art, wie die Planeten mit den Zeichen wirken – als Geschäftsteilhaber in derselben Aktion. Die Partnerschaft von wohltätigen Planeten ist gut; die Partnerschaft von übeltäterischen Planeten in ungünstigen Aspekten ist schlecht; aber bei wohltätigen Aspekten von übeltäterischen Planeten oder schlechten Aspekten von günstigen Planeten ist die Auswirkung der Kombinationen in der Mitte zwischen günstig und ungünstig liegend. Die Aspekte zu den Hausspitzen müssen ebenso beachtet werden. Auf diese beide Weisen hat ein Planet daher spezifische Wirkung durch seine Aspekte und es kann von diesen gesagt werden, daß sie spezielle Dinge determinieren.

Daher ist klar, daß den Aspekten, wie auch den Zeichen, eine Wirkungskraft innewohnt, die von der qualitativen Kraft der Planeten abhängig ist. In der Tat scheinen die Planeten manchmal mit größerer Kraft durch die Aspekte, als durch die Domination zu wirken. Die Erfahrung hat z.B. gezeigt, daß es sehr viel ernster zu nehmende Umstände bedeutet, wenn der Aszendent durch ein Quadrat oder eine Opposition von Mars oder Saturn getroffen wird, als wenn er unter deren Herrschaft steht, während es andererseits besser für die Persönlichkeit ist, wenn der Aszendent im Trigon zu Jupiter steht als wenn Jupiter den Aszendenten regiert – natürlich unter sonst gleichen Verhältnissen – denn wenn Jupiter den Aszendenten regiert und in guter kosmischer Stellung im zehnten Haus steht, ist es sehr viel günstiger, als wenn er sich in ungünstiger kosmischer Stellung im achten Haus befinden würde, aber im Trigon zum Aszendenten wäre. Aus einem ähnlichen Grund läßt es sich verstehen, daß ein Planet größere Bedeutung für das Haus haben könnte, zu welchem er in Opposition steht, als jener Planet, der Herr dieses Hauses wäre, zumal wenn dieser in einem anderen Haus stehen würde, und ganz besonders wenn er noch schwach stünde und keinen Aspekt zur Spitze dieses Hauses hätte.

Zusätzlich sollte man sich merken, daß ein Aspekt zu einem Planeten größere Wirkung in dem Haus hat, in welchem dieser Planet steht, als der Planet in dem Haus, über welches er herrscht. Wenn daher Mars das dritte Haus beherrscht und im vierten Haus steht und ein Trigon zum Aszendenten hat, würde dies den Nativen unbeliebt bei seinen Geschwistern machen, aber er wäre von seinen Eltern geschätzt.

Kapitel X

DIE PLANETENASPEKTE UND WIE SIE GÜNSTIG ODER UNGÜNSTIG WIRKEN

Einige Planeten sind ihrer Natur nach wohltätig, wie es gemeinhin von Venus und Jupiter gesagt wird, während andere übeltäterisch sind, so wie Mars und Saturn; aber Wohltäter bringen nicht durch all ihre Aspekte Gutes hervor, aufgrund der unterschiedlichen Natur und Qualität der Aspekte, da einige Aspekte von Natur aus günstig oder prädestiniert sind, Gutes hervorzubringen, während andere ungünstig sind. Daher bringt ein bestimmter Planet gleich zeitig Gutes und Schlechtes hervor, da er von seiner kosmischen Stellung aus ebenso wohltätige wie auch übeltäterische Strahlen aussendet. Die Unterscheidung sollte jedoch beachtet werden, daß die günstigen Strahlen von wohltätigen Planeten eher zum Guten neigen und die ungünstigen Aspekte weniger zum Schlechten als dies für die übeltäterischen Planeten gilt. Ein bestimmter Planet hat daher einen guten Einfluß durch Trigone, Sextile und Halbsextile, die von Natur aus günstig sind und von denen das Trigon das Stärkste, das Halbsextil das Schwächste ist und das Sextil stärkemäßig dazwischen liegt. Und derselbe Planet hat einen schlechten

Einfluß durch Opposition, Quadrat und Quinkunx, die von Natur aus ungünstig sind und von denen die Opposition der Stärkste, das Quinkunx das Schwächste ist und das Quadrat stärkemäßig dazwischen liegt. Die Konjunktion zu einem bestimmten Grad des Himmels ist genau genommen kein Aspekt – obwohl sie dazugezählt wird – sondern sie ist eher der Ausgangspunkt aller Aspekte und indifferent in der Qualität ihrer Wirkung. Generell ist die Konjunktion eines wohltätigen Planeten gut, aber diejenige eines übeltäterischen Planeten schlecht.

Ansonsten bringen die günstigen Strahlungen eines wohltätigen Planeten mit Leichtigkeit und Überfluß Gutes hervor und verursachen in den günstigen Häusern Gutes, wie sie ebenso auch Schlechtes in den ungünstigen Häusern verhindern oder mildern, aber ihre ungünstigen Strahlungen bringen Schwierigkeiten, Hindernisse oder Unglück, welches überwunden werden muß. Wenn ein Wohltäter in einer ungünstigen kosmischen und irdischen Stellung ist, bewirken seine wohltätigen Strahlen wenig Gutes, während seine übeltäterischen Strahlen (bei schlechter kosmischer Stellung) viel Schaden anrichten. Im Horoskop von Kardinal Richelieu z.B. ist der Wohltäter Jupiter im Exil im achten Haus und daher dem Leben schädlich und er ist gleichzeitig in Konjunktion mit dem Fixstern Oculus Taurus[43]; als Jupiter in der Direktion die Opposition zum Aszendenten erreichte, den primären Signifikator der Lebensdauer, verstarb er.

Auf der anderen Seite sind die ungünstigen Strahlen eines übeltäterischen Planeten extrem schädlich, indem sie in ungünstigen Häusern Böses verursachen und in den günstigen das Gute verhindern oder verderben, es sei denn, er herrscht über den Ort, wohin der widrige Aspekt fällt, denn in diesem Fall bringt der Aspekt in günstigen Häusern Gutes hervor, aber dieses Gute wird von Gewalt, Übel oder Unglück begleitet sein. In ungünstigen Häusern ist

---

[43] Aldebaran

das Ergebnis sogar schlimmer; wenn z.B. Mars das achte Haus beherrscht und im zweiten Haus gestellt ist, ist dies fast immer die Ursache für Tod. Und wiederum zeigen die günstigen Strahlen etwas Gutes an, was auf schwierige Weise erlangt wird; im Horoskop des Königs von Schweden[44] z.B. herrscht Saturn über das zweite Haus und sein Trigon zur Sonne im ersten Haus zeigte großen Reichtum an, den er durch Krieg erlangen würde, weil Merkur, Herrscher von sieben im zweiten Haus steht; beim Erlangen dieser Dinge hatte er großes Glück, da Jupiter, Merkur, Venus und der Glückspunkt im zweiten Haus waren – und ihrerseits alle von Saturn regiert wurden. Nichtsdestoweniger, wenn sowohl der kosmische Zustand als auch die lokale Determination eines Übeltäters ungünstig sind, sind selbst ihre wohltätigen Strahlen schädlich; im Horoskop von König Gustav Adolf sagt Saturn im Exil im achten Haus und im Quadrat zu Mars im zwölften Haus, wie auch im Trigon zur Sonne im ersten Haus, einen gewaltsamen Tod voraus, besonders da Jupiter als Geburtsgebieter und Herrscher der Sonne sich in Opposition von Saturn und im Quadrat von Mars befand. Denn man muß immer das Haus des aspektierenden Planeten beachten und bestimmen, ob er das Gute oder Schlechte des Hauses fördert, in welches er einen Aspekt wirft. Und nun ist auch klar, daß derselbe Aspekt wohltätig für eine Sache und übeltäterisch für eine andere sein kann – eine Tatsache, die immer beachtet werden sollte. Außerdem ist die Auswirkung eines Übeltäters in einem nicht verwandten Zeichen und in schwachem Aspekt zu einem anderen Planeten, der durch Natur oder Determination übeltäterisch ist, schlecht, während er in gutem Aspekt zu einem Wohltäter nicht so schlecht ist; ein Wohltäter in Schwäche ist ziemlich schädlich, wenn er von dem ungünstigen Aspekt eines Übeltäters verletzt ist.

---

[44] König Gustav Adolf von Schweden fiel 1632 in der Schlacht bei Lützen.

Darüber hinaus ist sorgfältig zu beachten, daß der Einfluß eines Planeten durch Aspekt dreifacher Art sein kann. Erstens wirkt der Planet durch seine eigene Natur – denn die Wirkung der Sonne ist immer solar, die des Mondes immer lunar und die von Saturn immer saturnal usw. Zweitens wirkt der Planet aufgrund seiner kosmischen Stellung und jeder daraus resultierende Aspektbeziehung zu anderen Planeten – denn ein Planet ist abhängig vom Herrscher des Zeichens, welches er besetzt und er ist wie ein Partner in einer Handlung, wie wir häufig festgestellt haben. Wenn er daher gut gestellt ist, bringt er gute Ergebnisse, zumindest durch seine wohltätigen Strahlen; schlecht gestellt ist er schädlich, zumindest durch seine übeltäterischen Strahlen. Drittens wirkt der Planet durch seine lokale Determination – dies ist die Häuserstellung und die Häuserherrschaft. Denn der Einfluß des Aspekts eines Planeten wird immer durch seine Natur und die kosmische Stellung bestimmt, aber nicht immer zur gleichen Zeit durch seine Häuserstellung und Herrschaft, sondern manchmal durch das eine und manchmal durch das andere und manchmal durch beides zusammen. Jupiter im ersten Haus und im Trigon zum MC bringt z.B. gutes Glück für den Nativen in seiner weltlichen Stellung oder seinem Beruf, in Übereinstimmung mit der Natur und kosmischen Stellung von Jupiter; ist Jupiter zusätzlich Herrscher des MC, ist das gute Glück sogar noch größer und sicherer. Und wenn Jupiter darüber hinaus die Sonne im zehnten Haus aspektiert, ist mit dem größtmöglichen Glück zu rechnen. Und derselbe Schluß kann gezogen werden für die anderen Aspekte, ob sie gut oder schlecht sein mögen. Im Allgemeinen bringt ein bestimmter Planet durch seine Aspekte zu den Planeten oder Häuserspitzen oder durch Direktionen zu diesen als Signifikatoren, Glück oder Unglück für die entsprechenden Angelegenheiten aufgrund seines eigenen Zustandes, welcher auf seiner Hausstellung und Herrschaft basiert, wie auch durch die Natur der sich ergebenden Aspekte. Daher wird Mars im siebten Hause stehend und Herrscher des vierten und elften Hauses und im Trigon zur Sonne im zehnten Haus, das persönliche Ansehen des Geborenen durch Rechtsstreitigkeiten, Konflikte, Ehepartner, Eltern und Freunde fördern. Und dieses wird mit Sicherheit entstehen, sollte Mars durch Direktion im Trigon zur Sonne stehen. Aber zusätzlich zu den bereits erwähnten drei Punkten sollte man auch beobachten, ob der Aspekt *in applicatio* oder *defluxus*[45] ist, da – unter sonst gleichbleibenden Umständen – Applikation eine größere Wirkung ausübt als Separation; wenn sich ein Planet einem anderen annähert muß auch dieser letztere hinsichtlich seiner Natur, seiner kosmischen Stellung und lokalen Determination betrachtet werden – und daraus muß ein entsprechendes Urteil gefällt werden. Im Horoskop des Königs von Schweden nähert sich Jupiter, der Herrscher des Aszendenten der Opposition des Übeltäters Saturn im Exil im achten Haus und ebenso dem schädlichen Quadrat von Mars, was alles Anzeichen für den gewaltsamen Tod des Königs sind.

Aus dem Gesagten wird klar: ebenso wie ein Planet durch seine Hausstellung und Domination das Gute oder Schlechte dieser Häuser entweder gewährt oder verhindert, so tun die Planeten dies auch durch ihre Aspekte in Übereinstimmung mit ihren Determinationen. Einfach gesagt, zwei Planeten, die sich in gegenseitigem Aspekt befinden, haben einen Einfluß auf die Angelegenheiten der Häuser, in welchen sie stehen. Wenn Jupiter daher im ersten Haus steht und im Trigon zur Sonne im zehnten Haus, wird das Trigon zwischen der Sonne und dem Jupiter letzteren determinieren, die Angelegenheiten des zehnten Hauses zu beeinflussen – d.h. Ehre und Ansehen – und Jupiters Trigon zur Sonne wird diese geneigt machen, die Angelegenheiten des ersten Hauses zu beeinflussen – d.h. Charakter, Ruf und Ruhm. Oder es wäre Saturn im achten

---

[45] Nach der alten Aspektlehre wurden exakte Winkel *partil* genannt. Morin unterscheidet zwischen dem Annäherungsaspekt (*Applikationsaspekt*) und dem Trennungsaspekt (*Separationsaspekt*). In der Regel gilt der schneller laufende Planet als applikativ bzw. separativ.

Haus und in Opposition zum Geburtsgebieter Jupiter im zweiten Haus, so wird die Opposition von Saturn zu Jupiter den Jupitercharakter färben und ihm eine saturnale Note beigeben. Diese besondere Opposition von Jupiter zu Saturn könnte Tod durch Gerichtsentscheid anzeigen. Daher hat derselbe Aspekt immer verschiedene Bedeutungen und diese Tatsache wurde höchstwahrscheinlich von den Alten nie beachtet, als sie uns ihre Ansichten über die Auswirkung der Aspekte überlieferten. Zusätzlich können die Aspekte eines Planeten die Macht der Signifikatoren verstärken, verhindern oder beeinträchtigen – manchmal bemerkenswert, manchmal nur zu einem gemäßigten Grad; wenn z.B. Jupiter im zehnten Haus steht, ist er ein Signifikator für Ehre und Ansehen, aber wenn die Sonne ihn mit einem Trigon begünstigt, ist die Macht des Jupiter zur Verwirklichung der Bedeutungen außerordentlich verstärkt. Aber wenn Saturn diesen Jupiter durch ein Quadrat trübt, ist dessen Macht nicht nur vermindert, sondern auch hinfällig und sagt Unglück in Verbindung mit Stellung, Rang oder Beruf voraus. Darüber hinaus geben die essentiellen Bedeutungen der Planeten und ihre Positionen im Horoskop einen Hinweis, wie und in welchen Lebensgebieten sich die Aspekte nach Natur und Art auswirken; z.B. bedeutet Jupiter Voraussicht und Mars Kühnheit und wenn beide im zehnten Haus in Konjunktion sind und in guter kosmischer Stellung, so sind beachtliche Autorität und Macht im Bereich des Berufes angezeigt, erlangt durch Jupiters Voraussicht und die Kühnheit von Mars. Im zweiten Haus würden diese beiden Planeten Geld anzeigen, erlangt durch Voraussicht und kühnes Handeln, wie auch außergewöhnliche Ausgaben. Und was hier betreffend der Konjunktion gesagt ist, gilt selbstverständlich auch für jeden anderen starken Aspekt, denn man muß immer die Natur der betroffenen Winkel und Planeten beachten, wie auch deren kosmischen Zustand und die lokale Determination.

Es kann folgender Einwand erhoben werden: Wenn der Planet durch alle von ihm ausgehenden Aspekte[46] eine Determiniation auf alle diejenigen Häuser erhielte, in die seine Aspekte fallen, so müßte dieser Planet notwendigerweise einen Einfluß auf fast alle Lebensereignisse des Geborenen nehmen. Dieser Planet müßte daher als Signifikator für alles angesehen werden – die physische Konstitution, Finanzen, Geschwister, Eltern usw. und für jedes dieser Häuser müßte ein Urteil von all diesen Aspekten gefällt werden, die durch jeden der Planeten gebildet werden. Aber in der Tat könnte ein solches Urteil von einer Gestirnseinwirkung nur unübersteigbare Schwierigkeiten und die größtmögliche Verwirrung darstellen, welche unmöglich gelöst werden könnten.

Ich würde erwidern, daß die von den Sternen ausgelösten Wirkungen sowohl wahrnehmbar als auch nicht wahrnehmbar sind. Die Wirkung der Sonne ist für jedermann zu merken, während die Einwirkung eines Fixsterns sechster Größe für niemanden zu spüren ist; aber daß er dennoch eine Wirkung hat, kann nicht geleugnet werden. Und so ist es in der Astrologie; was immer sich in den Sternen zeigt, hängt auf eine Weise von allen Planeten ab und von allen Aspekten aller Planeten, aber es hängt nichts gleichermassen von diesen ab, sondern von manchen mehr und von anderen weniger und von wieder anderen noch weniger. In der Tat beurteilt der Astrologe Auswirkungen nur von den wichtigsten und stärksten Ursachen – d.h. vom kosmischen Zustand des Planeten, der das Haus regiert, welches sich auf die untersuchte Angelegenheit bezieht oder aus dem Dispositor des Planeten und auch aus den stärkeren Aspekten zu diesem Haus. Diese schließen die Opposition, das Trigon, das Quadrat und das Sextil ein, wie sie von allen Astrologen des Altertums angewandt wurden; die verbleibenden Aspekte, also Semisextil oder Quinkunx, haben kaum

---

[46] Morin verwendet den Ausdruck Aspekt oft im Sinn von Planetenstrahlen. Dahinter steht die Idee, daß jeder Planet elf Strahlen aussendet, also in jedes Zeichen, einerlei ob sie dort auf einen anderen Planeten treffen oder nicht.

irgendeine Auswirkung, es sei denn, sie sind partil. Eine spürbare Wirkung ist manchmal auf den Sekundärherrscher eines Hauses ausgedehnt, aber nicht weiter. Obwohl jeder Planet jedes der Häuser durch seine nach allen Seiten gerichteten Aspektstrahlen berührt, nimmt der stärkere von mehreren Strahlen, die ein bestimmtes Haus berühren, Vorrang über die schwächeren Aspektstrahlen ein. So gründet der Astrologe, nach Betrachtung der Stärke der Planeteneinflüsse und aller sonstigen Punkte, die zur Beurteilung von Interesse sind, sein Urteil in Übereinstimmung mit dem Zeugnis der bedeutendsten Faktoren, die betroffen sind. Es ist weit von der Wahrheit entfernt, daß ein Urteil nicht gefällt werden kann ohne in hoffnungslose Verwirrung zu geraten, denn selbst nach der ersten Untersuchung des Horoskops kann häufig eine genaue Voraussage durch Beobachtung der Güte oder Bösartigkeit und der Stärke oder Schwäche der Haupteinflüsse auf einige besondere Interessengebiete (Häuser) gegeben werden, da diese immer über die schwächeren die Oberhand erlangen. Der Astrologe soll schließlich seine Beurteilung nicht übereilt abgeben, sondern sorgfältig durchdacht, so daß er sich selbst und der Astrologie Ehre erwirbt.

Kapitel XI

DIE ASPEKTE DER PLANETEN;
IHRE ANALYSE UND VERGLEICH

Erstens. Die Aspekte zu den Häuserspitzen müssen betrachtet werden, denn durch die primäre Bewegung von Ost nach West bewegen sich die Planeten auf die Häuserspitzen zu. Bezüglich der Aspekte wird von den rechten oder denjenigen, die den Häuserspitzen im Sinne dieser Bewegung vorangehen allgemein gesagt, daß sie wirksamer sind als die linken Aspekte oder diejenigen derselben Art, welche den Häuserspitzen nachfolgen. Aber dies trifft

129

nicht in allen Fällen zu und eine Unterscheidung muß beachtet werden, denn wenn ein Planet ein Quadrat von rechts zur Häuserspitze bildet - so wie etwa das MC -, aber durch ein linkes Quadrat an einer anderen Häuserspitze vorübergeht, - so z.B. Aszendent (was nur im Vergleich mit zwei Horoskopen auftreten kann) - wird das rechte Quadrat die größere Auswirkung haben; aber wenn der Planet durch ein rechtes Quadrat am MC vorbeiläuft, durch die primäre Bewegung des Aszendenten jedoch ein linkes Quadrat bildet, so wird das linke Quadrat die größere Auswirkung haben. Sdabei muß man beachten, daß der Aszendent sich hier auf die Häuserspitze selbst bezieht oder den Punkt im Häuserkreis, wo das erste Haus beginnt, aber nicht den Grad des Himmels, der diesen Punkt oder diese Häuserspitze besetzt. Denn wenn ein direktläufiger Planet durch die Primärbewegung zu dieser Häuserspitze einen Aspekt bildet, so trennt er sich gleichzeitig von dem Himmelsgrad, welchen er durch seine eigene oder Sekundärbewegung besetzt hält. Aufgrund dieser Tatsache ist es so, daß Applikation eine größere Auswirkung hat als Seperation, während alle anderen Dinge gleich sind.

Zweitens. Die Aspekte zwischen den Planeten müssen betrachtet werden, denn durch ihre Eigenbewegung oder die Sekundärbewegung von Westen nach Ost, geraten diese in Aspekt zueinander. Von diesen sind die linken, von einem nachfolgenden Planeten geworfenen Aspekte allgemein stärker als die rechten; wiederum ist eine Unterscheidung erforderlich, denn wenn Venus ein linkes Trigon zum Mars bildet, in entweder direkter oder retrograder Bewegung, ist dieser Aspekt stärker als ein rechtes Trigon von Mars zur Venus - d.h., Venus hat grösseren Einfluß sowohl auf die essentiellen als auch auf die akzidentiellen Bedeutungen von Mars, als Mars auf die Bedeutungen von Venus haben kann. Aber wenn andererseits Venus ein rechtes Trigon zu Mars bildet, wird das rechte Trigon stärker sein als das linke Trigon sein würde, da im letzteren Fall Mars sich von Venus separieren würde; Entsprechendes gilt auch für die anderen Planeten.

Drittens. Aspekte derselben Bogengröße von denselben Planeten muß im Bezug auf die verschiedenen, möglichen Himmelsstellungen der Planeten betrachtet werden; Mars und Mond im Quadrat bringen nicht immer genau dieselbe Auswirkung hervor, wie es von denjenigen Astrologen vermutet wird, die die Regeln der Auswirkungen der Planetenaspekte aufgestellt haben, denn dieser Aspekt könnte wegen der zwölf Tierkreiszeichen, in welchen Mars oder Mond stehen können, verschiedene zwölf Variationen haben. Die Auswirkung von Mars im Widder ist anders als die von Mars im Stier und dasselbe gilt für den Mond; daher, obwohl ihr Quadrat im allgemeinen etwas Unglückliches oder Schädliches anzeigen kann, wird die Art des Unglücks anders sein, wenn Mars in der Waage und Mond in Steinbock steht, als wenn sich Mars im Steinbock und Mond in der Waage befindet. Und noch spezifischer wird die Art des Unglücks sein mit Mars im ersten Haus und dem Mond im zehnten, als mit Mars im zehnten und dem Mond im ersten Haus. Diese Unterscheidungen sollten durch ein Verständnis der Erstprinzipien klar sein und zeigen, wie wertlos die Art der oben genannten Regeln ist.

Viertens. Ein Aspekt zwischen zwei Planeten muß hinsichtlich des Vorrangigkeit eines Planeten über den anderen betrachtet werden, denn wenn zwei Planeten in Konjunktion, Quadrat oder Opposition stehen und die Frage auftaucht, welcher der stärkere ist, wird die Antwort durch eine Betrachtung von vier Punkten gefunden werden:

1. Die Würde der Planeten im Aspekt, denn – selbst wenn die anderen Dinge gleich sind – so verdrängen die Sonne und der Mond die anderen Planeten an Bedeutung, da sie die Hauptgestirne über die Erde sind, und von diesen beiden steht die Sonne über dem Mond. Desweiteren sind die oberen Planeten Saturn, Jupiter und Mars mächtiger als die unteren Venus und Merkur. Wenn

daher Venus im Quadrat zu Saturn steht, wird Venus durch das Quadrat von Saturn stärker beeinträchtigt, als Saturn dies durch das Quadrat der Venus wird.

2. Der kosmische Zustand, denn der Planet, der durch kosmische Stellung stärker steht – d.h. durch Domizil, Exaltation, Triplizität und Stellung im Bezug zur Sonne usw. – siegt über den schwächeren Planeten. Daher beeinträchtigt Mars im Steinbock im Quadrat zur Waage-Sonne sehr stark die Sonne oder deren Bedeutungen, denn Mars ist im Steinbock erhöht, während die Sonne in der Waage im Fall steht.

3. Die lokale Determination, denn derjenige der aspektierenden Planeten, der durch seine lokale Determination die Angelegenheiten des Hauses, in welches die Aspekte fallen, zum Guten oder zum Schlechten hin beeinflußt, wird vorherrschen, so daß Jupiter, im Schützen und zugleich am Aszendenten stehend, aufgrund der Natur und Stellung, wie auch die Herrschaft dieses Planeten, die physische Konstitution bestimmen wird.. Daher wäre der Einfluß von Jupiter auf die Dauer des Lebens noch stärker, wenn er in Konjunktion oder Quadrat zum Mond stünde und dieser Mond ein nicht anderweitig beeinflußtes achtes Haus regieren würde, ungeachtet des Quadrates vom Mond zum Aszendenten. Aber wenn Jupiter am Aszendenten im Exil stünde und in Konjunktion zu einem das achte Haus beherrschenden Mars, so würde der Einfluß von Mars als Vorbote des Todes vorherrschen, denn durch seine Natur und durch seine Herrschaft bezieht sich Mars klar auf Tod und beeinträchtigt so auch den Signifikator des Lebens, den GeburtsgebieterJupiter.

4. Applikation und Separation, denn man sagt, daß ein Planet, der auf einen anderen im Aspekt zuläuft, der stärkere der beiden ist, wie schon in Kapitel X erklärt wurde. Darüber hinaus muß man, nachdem man den mächtigsten Planeten gefunden hat, abschätzen, ob er durch einen höheren oder einen geringeren Grad im Übergewicht ist; und man darf den anderen Planeten wahrlich

nicht vernachlässigen, da beide in derselben Handlung zusammenwirken, als ob sie Partner wären. Das Quadrat von Saturn zur Sonne oder von Sonne zu Saturn z.B. kann nicht unwirksam sein, selbst dann nicht, wenn es sich separiert; und je mehr ein Planet durch kosmischen Zustand oder lokale Determination zum Guten oder Schlechten hin stärker ist, desto sorgfältiger sollte beobachtet werden, in welche Häuser seine Aspekte fallen, denn die Bedeutungen dieser Häuser werden stärker berührt – sei es zum Guten oder Schlechten – entsprechend der Natur des Aspekts.

Fünftens. Zwei verschiedene Arten von Aspekte müssen auf zwei Arten analysiert werden:

1. Vom Standpunkt eines Planeten aus. Und so ist die Opposition eines bestimmten Planeten „an und für sich" selbst stärker als das Quadrat, und das Trigon ist stärker als das Sextil. Ich sage „an und für sich selbst" in einem universellen Sinn, weil das Quadrat die Hälfte einer Opposition ist und das Sextil die Hälfte eines Trigons, aber akzidentiell, sowohl wegen der Determinationen wie auch der Aspekte eines Planeten, kann sich dies als gegensätzlich herausstellen; denn Jupiter als Geburtsgebieter und im elften Hause stehend, hat durch sein Sextil zum Aszendenten einen größeren Einfluß auf Temperament, Charakter und Disposition des Geborenen, als auf den Bereich der Geschwister des Geborenen durch sein Trigon zum dritten Haus. Und Mars, Herrscher des achten Hauses im zehnten Hause befindlich, hat durch sein Quadrat zum Aszendenten einen größeren Einfluß gegen das Leben des Geborenen, als auf seine Eltern oder das Familienerbe durch seine Opposition.

2. Vom Standpunkt zweier Planeten aus, die sich im Aspekt zum selben Signifikator befinden. Wenn z.B. das Trigon von Jupiter und das Quadrat von Mars auf den Aszendenten fallen, so hat jeder von beiden Einfluß auf die Lebensdauer, wie auch auf den Charakter des Geborenen, aber das Ergebnis ist gemischt, da die Strahlen gemischt sind und die Planeten wirken zusammen wie in

einer Mischung von kaltem und heißem Wasser, aus welchem etwas Dazwischenliegendes entsteht. Bei diesem Problem müssen fünf Punkte in Betracht gezogen werden:

A. Beachte den Aspekt selbst; das Trigon ist hinsichtlich der Macht Gutes zu tun der erste Aspekt, während das Quadrat, da es die Hälfte einer Opposition ist, hinsichtlich der Tendenz Schaden anzurichten, zweiter ist, und daher ist das Trigon von Jupiter stärker als das Quadrat von Mars und letzteres bedroht das Leben in einem geringeren Maß, als ersteres dieses unterstützen kann.

B. Beachte den kosmische Zustand beider Planeten, also von Jupiter und Mars; denn wenn Mars stark steht, wie er es in Skorpion oder Steinbock ist, während Jupiter schwach gestellt ist, z.B. wenn dieser in den Zwillingen steht, könnte das Quadrat von Mars größeren Schaden anrichten, als das Trigon von Jupiter im Stande wäre, diesen zu verhindern.

C. Beachte ihre irdische Stellung oder den Effekt der lokalen Determinationen auf die Angelegenheiten, welche untersucht werden; denn wenn Mars das achte Haus regiert und im Quadrat zum Aszendenten steht, bedroht dieser das Leben in einem höheren Maße, als ein Trigon des Jupiter, der das achte oder das zwölfte Haus regiert, es unterstützen könnte. Denn obwohl dieses Jupiter-Trigon von großem Nutzen für die Gesundheit ist, sollte seine Stellung, Herrschaft und Aspektierung dergestalt sein, daß sie Gesundheit fördern und sie sollten frei sein von jeglichen Verbindungen zu Krankheit oder Tod, was jedoch nicht der Fall wäre, wenn Jupiter das achte Haus besetzen würde oder Herrscher des achten bzw. zwölften Hauses wäre. Und dies ist die Begründung, die für alle anderen Aspekte verwendet werden muß, die miteinander um denselben Signifikator wie Charakter, Beruf, Heirat oder was auch immer, ringen. Wenn die zusammenwirkenden Aspekte sich in Übereinstimmung befinden – sei es zum Guten oder Schlechten – so besteht keine Schwierigkeit, ein Voraussage zu fällen.

D. Beachte den relativen Abstand vom Signifikator; denn von den Aspekten zweier Planeten zum selben Signifikator – etwa zum Aszendenten oder zur Sonne – ist derjenige, welcher näher oder partil ist, demjenigen vorzuziehen, der entfernter ist, insbesondere wenn der erstere auch zuerst exakt wird. Je weniger zum partilen Aspekt fehlt, desto stärker wirkt er.

E. Beachte ob sich der Aspekt annähert oder separiert, da nämlich der sich annähernde Planet Vorrang hat über den separierenden, wie häufig festgestellt wurde.

Sechstens. Der Aspekt muß dahingehend analysiert werden, ob er von einem Planeten kommt, der durch seine kosmische Stellung günstig oder ungünstig ist, denn es ist fraglich, ob das Quadrat oder die Opposition vom Domizil oder der Exaltation des Saturn aus ebenso schädlich wirkt, wie wenn der Aspekt von dessen Exil oder Fall ausgehen würde. Zweifel werden jedoch beseitigt, indem man Jupiter betrachtet. Steht er durch kosmische Stellung günstig, bringt er mehr durch sein Trigon hervor, als wenn er kosmisch ungünstig gestellt wäre; und in widriger kosmischer Stellung richtet er durch sein Quadrat mehr Schaden an, als in guter kosmischer Stellung – eine Tatsache, die kein Astrologe je bezweifelt hat. Warum sollte dann Saturn in ungünstiger kosmischer Stellung nicht größeren Schaden durch sein Quadrat anrichten als in guter kosmischer Stellung? Daher ist ein Saturn-Quadrat immer schädlich, aber dies umso mehr, wenn seine kosmische Stellung nicht vorteilhaft ist. Dies zeigt sich im Horoskop des Königs von Schweden, der getötet wurde, als das MC durch Direktion in das Quadrat zu Saturn im Löwen im achten Haus kam. Daher ist das Jupiter-Trigon von seinem Domizil aus das Beste, während sein Quadrat von dort aus harmlos oder nur ganz leicht schädlich ist, während das Trigon von seinem Exil aus nutzlos oder nur wenig hilfreich und das Quadrat schädlich ist. Und ähnlich ist das Saturn-Trigon von seinem Domizil aus günstig, während das Quadrat dies nicht ist, während von seinem Exil aus sein Trigon nutzlos, ja schlecht ist, und sein Quadrat sogar ziemlich verderblich. Natürlich sind diese allgemeinen Feststellungen nur ungünstig, wenn alle anderen Faktoren des Horoskops gleichermaßen sind.

Siebtens. Aspekte derselben Qualität müssen hinsichtlich ihrer guten oder schlechten Natur betrachtet werden; denn obwohl alle Quadrate und Oppositionen an und für sich als ungünstig anzusehen sind, wirken sie schlechter von den Übeltätern Saturn und Mars und noch schlechter, wenn diese Planeten durch ihre kosmische Stellung verdorben oder beeinträchtigt sind; ihr böser Charakter wird noch verschlimmert, wenn Saturn und Mars durch Stellung oder Herrschaft einen lokal zu den Angelegenheiten der ungünstigen Häuser determiniert sind oder zu denjenigen, die in Opposition zu diesen Häusern stehen; die größten Schwierigkeiten trten zu Tage, wenn zusätzlich dazu, daß sie Herrscher des ersten oder zehnten Hauses sind, auch noch das achte oder zwölfte Haus oder Planeten in diesen Häusern beherrschen – insbesondere wenn diese die Sonne oder den Mond angreifen. Extrem schlecht ist die Opposition, wenn sie partil oder diametral ist, besonders zwischen Mars und Saturn, denn dies kann Tod verursachen, wenn einer von beiden auch noch der Geburtsgebieter ist. Auf der anderen Seite, obwohl alle Trigone und Sextile an sich günstig sind, so sind diejenigen von Jupiter, Venus, Sonne, Mond und Merkur gebildeten am vortrefflichsten, und es ist noch besser, wenn diese in günstiger kosmischer Position stehen und am besten, wenn sich diese durch Stellung oder Herrschaft auf die Angelegenheiten der günstigen Häuser beziehen. Aber am allerbesten ist es, wenn sie zusätzlich die Häuser aspektieren, welche günstige Dinge anzeigen oder in diesen stehende Planeten, insbesondere aber Jupiter, Venus, Sonne, Mond oder Merkur. Und daher wäre die Opposition von Saturn im Löwen zur Sonne im Wassermann sehr schlecht, während das Trigon von Jupiter in den Fischen zum Mond im Krebs ausgezeichnet wäre.

Achtens. Aspekte müssen im Lichte eines jeden anderen Aspektes analysiert werden, der vorausgeht oder nachfolgt, denn wenn ein Wohltäter unmittelbar einem Wohltäter nachfolgt, so kommt das Gute, welches angezeigt wird, mit Leichtigkeit und Sicherheit, aber falls ein Übeltäter einem Übeltäter nachfolgt, wird Schlechtes mit Sicherheit und ohne Verzug angezeigt. Aber wenn ein Übeltäter einem Wohltäter nachfolgt, wird das Gute, welches offenbar ist, in Schlechtes umgewandelt; folgt ein Wohltäter einem Übeltäter nach, so tritt das Gegenteil ein. Man sollte immer die Stärke des nachfolgenden Aspektes beachten, das heißt seine Natur, die beteiligten Planeten, ihren kosmischen Zustand und die irdische Determination; denn je stärker er ist, desto größer wird die Wahrscheinlichkeit sein, daß das, was oben erklärt wurde, verwirklicht wird. Überdies sollte man den Aspekt oder Planeten beachten, der unmittelbar vorangeht, denn ein Planet, der sich von einem guten Aspekt entfernt und sich einem anderen annähert, ist günstig; ein Planet, der sich in einem ungünstigen Aspekt trennt und einem anderen schlechten Planet annähert, ist ungünstig, während andere Kombinationen zwischengelagerte Wirkung haben.

Neuntens. Aspekte der Planeten müssen vom Standpunkt der von diesen Planeten besetzten und beherrschten Häuser betrachtet werden; so wird z.B. der Herrscher des ersten Hauses in Konjunktion mit dem Herrscher des achten Hauses dieselbe Wirkung zeigen, ob der Aspekt partil ist oder ob sich beide in Annäherung zueinander befindet– einen frühzeitigen Tod. Auch muß das Haus in Betracht gezogen werden, in welchem dieses Kinjunktion stattfindet, denn kommen sie im zwölften Haus zusammen ist Tod durch Krankheit, Gefängnis oder Exil angezeigt; wennsie im siebten Haus sind, wird Tod durch Konflikt, Schlacht, Rechtsstreitigkeiten oder Räuber eintreten, immer in Übereinstimmung mit dem Dispositor des aspektierenden Planeten oder den Aspekte der anderen Planeten auf sie einwirken werden. Wenn sie sich in Separation befinden, werden die auftauchenden

Gefahren vermieden. Schließlich muß betrachtet werden, auf welche Weise ein Planet auf einem anderen trifft, denn Geburtsgebieter auf Herrscher des achten Hauses trifft, kann dem Geborenen ein früher Tod begegnen, und zwar durch seine eigene Schuld; Analoges gilt für die anderen Planeten und Aspekte.

Zehntes. Aus allem bisher Gesagten wird klar, daß man ein Urteil über ein bestimmtes Hauses vom Standpunkt der Zeichensaus fällen kann, in dem dieses Haus steht und ebenso aus der Natur, der kosmischen und der irdischen Stellung der Planeten, die dieses Haus ihre Position oder durch einen Aspekt beeinflussen oder dort die Würde von Domizil, Exaltation oder Triplizität innehaben. Und so eröffnet sich ein weites Feld, um Voraussagen machen zu k"nnen und wenn nur die menschliche Erkenntniskraft soweit ver- feinert werden könnte, der Aufgabe gerecht zu werden, könnte sie selbst die kleinsten Ereignisse voraussagen, die das Schicksal bereithält, aber da der menschliche Geist schwach ist, muß er, außer in den astrologisch deutlich erkennbaren Angelegenheiten, fehlen.

Kapitel XII

DIE HAUPTPUNKTE,
DIE BEI EINER GENAUEN BEWERTUNG EINES PLANETEN UND SEINER ASPEKTE BEACHTET WERDEN MÜSSEN

Diese Punkte sind zusammengefaßt aus allem, was in den vorausgehenden Kapiteln dieser Ausarbeitung festgestellt wurde.

Erstens. In der Bewertung eines jeden Planeten ist an erster Stelle seine Natur zu beachtet – d.h. ob er wohltätig oder übeltäterisch ist – denn von Wohltätern kann mehr erhofft und muß weniger befürchtet werden, während für die Übeltäter das Gegenteil gilt – jedenfalls wenn alle anderen Dinge gleich sind.

Zweitens. Beachte, ob der Planet im Domizil steht oder nicht, denn im Domizil ist seine Wirkung uneingeschränkt und unabhängig von allen anderen Planeten, zumindest im Hinblick auf seine kosmische Stellung. Aber wenn er mit einem anderen Planeten in Konjunktion steht, hängt seine Wirkung von diesem Mitstreiter ab, wie von einem Partner, dessen Natur jedoch unterschiedlich ist. Wenn also ein Planet nicht in seinem Domizil steht, sollte man zunächst herausfinden, welcher Planet über ihn regiert (sein Dispositor ist), und ob dieser Planet ein Wohltäter oder ein Übeltäter ist. Man beachte dann, in welchem Haus oder Zeichen der Planet Würde durch Exaltation oder Triplizität hat oder in welchem Haus sein Einfluß durch Exil oder Fall ungünstig ist oder in welchem er einfach peregrin ist. Wenn er erhöht ist, wird er stark und ohne Verzug auf die Angelegenheiten, über die er die Kontrolle hat, wirken; wenn er im Exil oder Fall ist, bringt er nichts Gutes oder wird so wirken, als ob er beeinträchtigt sei und er kann sogar Unheil bringen; wenn er peregrin ist, ist sein Einfluß einfach abgeschwächt.

Drittens. Beachte, ob er sich direkt oder retrograd, schnell, langsam oder mit mittlerer Geschwindigkeit bewegt; denn seine Wirkung und Bedeutung wird durch diese Unterschiede berührt, ganz entsprechend ihrer offensichtlichen Analogien, wie anderswo in dieser Ausarbeitung schon erwähnt wurde. Der Planet wird dadurch gestärkt oder abgeschwächt.

Viertens. Beachte die Stellung der Planeten im Bezug zu Sonne und Mond, denn östlich zur Sonne und während des Tages und über dem Horizont und westlich zum Mond gestellt, sind die Planeten wirkungsvoller und bringen deutlichere Ergebnisse hervor; in den entgegengesetzten Positionen sind die Planeten schwächer und in ihrer Wirkung verhaltener.

Fünftens. Beachte die Aspekte des Planeten zu den anderen Planeten. Wenn ein starker Planet keinen Aspekt zu einem anderen Planeten hat, so sagt man, daß *feralis* ist und er wird nur in Übereinstimmung mit seiner eigenen Natur wirken, besonders wenn er sich in seinem Domizil befindet. Jeder aspektlose Planet zeigt etwas Ungewöhnliches an – gut oder schlecht – jeweils abhängig von der Natur des Planeten; Saturn, *feralis* im ersten Haus, zeigt den Eremit oder Mönch an. Aber wenn er einen anderen Planeten aspektiert, muß man beachten, ob dieser stark, schwach oder mittelmäßig in seinen Würden oder Schwächen ist oder ob er einfach peregrin ist; denn wenn er stark ist, wird eine auffällig wahrnehmbare Wirkung folgen; wenn er dagegen schwach ist, eine verhaltene und mittelmäßig gestellt eben eine mittelmäßige; und die gute oder schlechte Auswirkung, sowie die Möglichkeit oder Schwierigkeit ihrer Manifestation wird in Übereinstimmung mit der Natur des Aspektes sein. Wenn ein schwacher Planet, d.h. im Exil, Fall oder peregrin stehend, *feralis* ist, deutet er etwas weniger Außergewöhnliches an; aber wenn er einen anderen Planeten aspektiert, muß man bestimmen, ob der letztere schwach, stark oder mittelmäßig ist; wenn dieser stark ist, wird am Anfang kaum eine Wirkung zu spüren sein, aber später wird der zweite Planet aushelfen; oder am Anfang werden Schwierigkeiten oder Hindernisse sein, aber am Ende werden diese verschwinden und das Schlechte wird sich zum Guten wenden, auf Mühen wird Lohn, auf Konflikt wird Sieg und auf Krankheit Genesung folgen – auf Grund des Aspekts zu dem schwachen Planeten. Dies wird jedoch nur anwendbar sein, wenn sich ein günstiger Aspekt bildet, denn wenn er ungünstig ist, wird nichts Gutes angezeigt oder das Gute ist mit Schwierigkeiten behaftet; wenn er schwach ist, zeigt er in dem Maß der Schwäche Schlechtes an oder Verlust des Guten; wenn er mittelmäßig ist, so wird sich fast keine Wirkung zeigen oder es ist jedenfalls nichts zu erhoffen.

Sechstens. Beachte, ob ein Planet , der nicht im Domizil steht, einen Aspekt zu seinem Herrscher (Dispositor) hat und wenn dem so ist, untersuche den Aspekt und die Stellung eines jeden Planeten, denn die Wirkung eines Planeten im Aspekt zu seinem

Dispositor hängt weitgehend von seinem Herrscher ab, und beide haben größere Auswirkung, insbesondere wenn der Aspekt sowohl stark als auch förderlich ist. Darüber hinaus sind Mißgeschicke angezeigt wenn der Planet in unglücklicher kosmischer Stellung oder in schlechter lokaler Determination steht oder gar beides zutrifft, während sein Dispositor zugleich in guter kosmischer Stellung steht. Aber diesen Mißgeschicken folgt dann gutes Glück, insbesondere wenn der Planet einen günstigen Aspekt zu seinem Dispositor hat und dies zur Wirkung kommt; aber wenn der Planet in guter Stellung, und sein Dispositor in ungünstiger Stellung steht, wandelt sich das Gute in Schlechtes und alle Hoffnungen werden zunichte gemacht. Wenn beide Planeten in günstiger Stellung sind, so ist dies natürlich die beste Möglichkeit von allen, und wenn einer der Planeten in einem günstigen Haus steht, werden die guten Dinge dieses Hauses geschehen oder, wenn er in einem ungünstigen Haus steht, werden die Übel dieses Hauses verhindert bzw. abgeschwächt. Wenn schließlich beide angegriffen sind, so ist dies die schlechteste Möglichkeit von allen und entweder verursacht der Planet , der in das ungünstige Haus gestellt ist, das Schlechte dieses Hauses oder, wenn er im guten Haus steht, hemmt oder verhindert er das Gute dieses Hauses.

Siebtens. Beachte, mit welchen Fixsternen der Planet in Konjunktion steht oder mit welchem er aufgeht, kulminiert oder untergeht; denn die hellsten Fixsterne bringen wichtige und unerwartete Wirkungen hervor, was die Erfahrung häufig deutlich gemacht hat.

Achtens. Achte, worauf der Planet sich durch Determination, Stellung, Herrschaft und Aspekt bezieht; und beachte, wenn er von einem anderen Planeten beherrscht wird, dasselbe gilt für seinen Dispositor. Wenn sich die wohltätigen Planeten auf Gutes beziehen, so ist dies immer ein günstiger Hinweis; wenn sich z.B. Jupiter auf Finanzen, Venus auf Heirat oder Kinder oder einer der beiden sich auf Charakter oder Prestige und Beruf bezieht, so ist dies günstig und dies umso mehr, wenn diese in günstiger kosmischer Stellung sind. Wenn sich die Determinationen der Wohltäter jedoch auf ungünstige Dinge beziehen, ist dies weniger schlecht, weil sie den Geborenen vom Schlechten befreien oder es zumindest abmildern. Beziehen sich die Übeltäter Mars und Saturn auf etwas Gutes, so ist dies ungünstig, es sei denn sie sind in guter kosmischer Stellung; und selbst dessen ungeachtet, wenn sie im Quadrat oder Opposition zu Sonne, Mond, Aszendent oder MC stehen oder zu deren Herrscher, verursachen sie immer Schlechtes. Selbst wenn sie in Konjunktion mit Wohltätern stehen, verlieren sie nicht all ihre Übeltäternatur, wie in meinem eigenen Horoskop zu sehen ist, wo Mars im Trigon zu Jupiter, aber dieser mit Saturn in Konjunktion steht. Und nichtsdestoweniger habe ich von Saturn und Mars reichlich Schlechtes erlitten und erleide es noch. Denn wenn die Determinationen dieser Planeten sich auf Schlechtes – wie Krankheit, Gefangenschaft, Rechtsstreitigkeiten, Tod – beziehen, ist es sehr ungünstig und noch schlechter, wenn sie auch in widriger kosmischer Stellung befinden. Aber Sonne und Mond in glücklichen Häusern verursachen Gutes, besonders wenn sie günstig gestellt sind und gute Aspekte erhalten; in ungünstigen Häusern rufen sie schlechte Dinge hervor, besonders wenn sie sich in schwieriger kosmischer Stellung befinden und schlechte Aspekte erhalten. Darüber hinaus beziehen sich die Determinationen eines Planeten gleichzeitig auf unterschiedliche Dinge – d.h. auf eine Sache durch die kosmische Stellung, auf eine andere Sache durch ihre Herrschaft und wieder auf eine andere durch die Aspekte. Und obwohl die Determination durch Häuserstellung normalerweise die stärkste ist, kann es passieren, daß eine Determination durch Herrschaft oder Aspekt, vorrangig ist; also z.B. wenn das Haus, in welches ein Aspekt oder Zeichenherrschaft fällt, eine Analogie zu dem Planeten entwickelt, welcher der Herrscher ist oder der den Aspekt sendet, ohne daß dieser Planet gleichzeitig eine Analogie zu dem Haus hat, in welchem er steht. Derselbe

Planet kann sich jedoch durch seine Determinationen in mehrfacher Weise auf die gleiche oder auf eine ähnliche Wirkung beziehen, und wenn dies geschieht, ist der Effekt größer und sicherer, als wenn nur eine Determination sie anzeigen würde. Wenn sich darüber hinaus ein Planet außerhalb seines Domizils befindet und er gemeinsam mit seinem Herrscher und den Determinationen der Stellung oder Herrschaft in dieselbe Richtung arbeitet, wird daraus eine auffallende Wirkung resultieren, besonders wenn sie sich gegenseitig auch noch in einer Weise aspektieren, welche für diese Auswirkung förderlich ist; z.B. wohltätige Planeten wären im zweiten Haus, und ihr Herrscher – ebenfalls ein Wohltäter – wäre im zehnten Haus und würde in ein Trigon senden; oder wenn übeltäterische Planeten im zwölften stünden und ihr Herrscher – ein Übeltäter – sich im sechsten oder achten Haus befände und durch ein Quadrat oder eine Opposition von ihnen angegriffen würde; denn ein Planet wirkt nur in Übereinstimmung mit seiner eigenen Natur, seiner kosmischen Stellung und seiner lokalen Determination.

Planeten im ersten oder zehnten Haus und ihre Herrscher sind von besonders großer Bedeutung und deren kosmische Stellungen und Determinationen im Horoskop sollten genau beobachtet werden. Diese Planeten in ungünstiger kosmischer Stellung prophezeien schlechtes für die Angelegenheiten ihres Positionshauses, besonders wenn sie durch einen schlechten Aspekt eine Verbindung zu anderen Planeten haben, die ebenfalls in widriger kosmischer Stellung sind. Sind sie aber durch gute Aspekte mit Planeten in günstigen Stellungen verbunden, werden letztlich gute Dinge aus den schlechten Voraussetzungen resultieren. Aber es wäre viel schlechter, wenn diese letzteren Planeten zusätzlich oder die ersteren sich durch Determination auf schlechte Dinge beziehen; wenn z.B. der Herrscher des ersten im zw"lften oder achten Haus ist oder umgekehrt oder der Herrscher des ersten und zwölften Hauses oder des ersten und achten Hauses ein und derselbe

Planet ist. Auf gleiche Weise muß ein Planet im zehnten Haus und dessen Herrscher beurteilt werden. In der Tat kann man ein Urteil aus der alleinigen Betrachtung der Planeten im ersten oder zehnten Haus und ihren Herrschern darüber bilden, ob ein Horoskop günstig oder ungünstig angelegt ist; und man kann natürlich auf dieselbe Art und Weise für jedes der Häuser Rückschlüsse ziehen.

Neuntens. Beachte, ob ein Planet in einem Haus ist, das irgendeine Analogie zu dessen Charakteristik hat, und wenn dem so ist prüfe, ob die Handlungsweise des Planeten in ausgeprägter Übereinstimmung mit der Art des Hauses ist; so bringt Jupiter im zweiten Haus Geld; die Sonne im zehnten Haus bringt Ruhm und Ehre und im ersten Haus Prominenz. Saturn im zwölften Haus ergibt ernste Krankheiten, Gefangenschaft, Knechtschaft, versteckte Feinde; Mars im siebten Haus Gegner, Rechtsstreitigkeiten und Konflikte; Venus im siebten Haus einen Gatten, im fünften Haus Kinder. All dies muß als Hinweis durch die Natur der Planeten verstanden werden, denn abhängig vom betreffenden Zeichen, dessen Herrscher, und allen möglichen Aspekten, könnte das Gegenteil eintreten. Befinden sich Planeten in Häusern, die nicht ihrer Natur entsprechen, verhindern, unterdrücken oder vernichten sie die üblichen Manifestationen dieses Hauses. Infolgedessen verhindert Venus im zwölften Haus durch ihre Natur Krankheit, während Saturn im zehnten Haus Ruhm verhindert. Ich sage „durch die Natur" denn wenn Venus in ungünstiger kosmischer Stellung im zwölften Haus stünde, würde sie Krankheiten auslösen und Saturn in guter kosmischer Stellung im zehnten Haus würde Ehren und Prestige verursachen.

Zehntens. Achte darauf, ob ein Planet in Eck-, Mittel- oder in den fallenden Häusern steht; denn Planeten in den Eckhäusern zeigen Wirkungen an, die kontinuierlich sind – besonders wenn sie auch noch in fixen Zeichen stehen – wie eindeutig durch Mars und Venus in fixen Zeichen im ersten und zehnten Haus im Horoskop von Kardinal Richelieu gezeigt wird. Als Ergebnis davon war dieser immer zu kriegerischen Handlungen bereit und behielt bis zu seinem Tod fortwährend die Fäden der Macht inne. Aber in fallenden Häusern und beweglichen Zeichen zeigen die Planeten Dinge an, die instabil sind; in den mittleren Häusern sind die Wirkungen mittelmäßig. In Verbindung mit den Aspekten müssen in jedem Fall sieben Faktoren unterschieden werden

1. Die Natur des Planeten. 2. Seine kosmische Stellung. 3. Seine Referenzen durch Position und Herrschaft. 4. Die Natur des Aspektes. 5. Das Zeichen, in das der Aspekt fällt und der Planet, der dieses Zeichen beherrscht. 6. Das Haus. 7. die Umstände vor und nach dem Aspekt. Da jeder dieser sieben Faktoren variiert, unterscheiden sich auch die daraus hervorgehenden Auswirkungen.

Ähnlich müssen sieben Bedingungen der Planeten im Hinblick auf die Häuser und die Herrscher dieser Häuser betrachtet werden; diese Punkte sind ebenfalls sehr wichtig, um die Geheimnisse der Astrologie zu beherrschen.

1. Ein Planet im ersten Haus, der durch Zeichenstellung stark steht und Aspekte mit Wohltätern oder starken Planeten hat, die in Übereinstimmung mit seiner Natur und seinem Zustand sind, hat großen Einfluß auf die Bedeutung dieses Hauses; das Temperament, der Charakter und die Anlagen des Geborenen werden klar und kontinuierlich durch diesen Planeten beschrieben.

2. Ein Planet, der im ersten Haus schwach steht, aber in Aspekt zu seinem Herrscher oder dem Geburtsgebieter, hat einen entsprechend schwächeren Einfluß, abhängig von der Schwäche des Planeten im ersten Haus, dem Zustand des aspektierenden Planeten und der Qualität des Aspektes.

3. Ein Planet, der schwach steht im ersten und nicht im Aspekt zu seinem Herrscher oder dem Aszendentenherrscher, hat von diesen den schwächsten Einfluß auf das erste Haus und dessen Bedeutung.

4. Ein Planet, der außerhalb des ersten Hauses positioniert ist, der aber Stärke in diesem Haus aufweist (besonders als Herrscher des ersten Hauses) oder auch einen Aspekt mit einem Planeten im ersten Haus oder dem Aszendenten hat, bringt den Charakter, das Temperament und das Wohlbefinden des Nativen in eine Beziehung zu den Angelegenheiten des Hauses, in welchem er gestellt ist.

5. Wenn aber dieser ein Planet nicht im Aspekt zu einem Planeten im ersten Haus oder dem Aszendenten steht, ist die Verbindung zwischen den Angelegenheiten der beiden Häuser, wie oben beschrieben, nicht gegeben.

6. Wenn ein Planet, der außerhalb des ersten Hauses steht, im ersten Haus aber geschwächt wäre und mit dem Herrscher des ersten Hauses durch Herrschaft oder Aspekt verbunden ist oder selbst den Aszendenten aspektiert, wird einen sehr schwächenden Einfluß auf die Angelegenheiten des ersten Hauses haben.

7. Wenn aber ein solcher Planet nicht mit dem Herrscher des ersten oder dem Aszendenten verbunden ist, hat er keinen Einfluß auf das erste Haus, außer vielleicht sehr entfernt durch seine Schwäche, Exil oder Fall. Was hier für das erste Haus festgestellt wurde, muß so verstanden werden, daß es sich entsprechend auch bei den übrigen Häusern anwenden läßt. Man soll daher z.B. nie ein Urteil über Heirat fällen, bevor man die Planeten im siebten Haus, den Herrscher des siebten Hauses, den Dispositor dieses Planeten, die Planeten an der Spitze des siebten Hauses oder Planetn mit einem Aspekt zum Herrscher des siebten Hauses aspektieren betrachtet hat. Dabei sollte man berücksichtigen wie diese Planeten zueinander in Beziehung stehen durch Herrschaft oder durch Aspekte zu den Planeten, die Analogie zu einem männlichen oder weiblichen Ehepartner aufweisen; bei den anderen Häuser und Planeten verhält es sich entsprehcnd.

Kapitel XIII

DIE AKZIDENTIELLE DETERMINATION DER PLANETEN UND IHRE BEZIEHUNG ZU DEN POSITIONEN DER PLANETEN ODER HAUPTSIGNIFIKATOREN IN ANDEREN HOROSKOPEN

Der 47. Spruch des CENTILOQUIUM von Ptolemaeus ist die Basis dessen, was in diesem Kapitel diskutiert wird. Er lautet: *„Fällt der Übeltäter einer Nativität auf die Stelle eines Wohltäters einer anderen, so wird der Besitzer dieser zweiten Nativität Schaden durch den ersteren erleiden".*[47] Tatsächlich sollte diese Aussage eine allgemeinere Auslegung erfahren, da das größte Glück oder Unglück hinsichtlich Charakter, Disposition, Beruf beider betroffenen Individuen, für welche solche Kombinationen zutreffen könnten, ausgeschlossen wären, wenn der Aphorismus ganz wörtlich genommen wird. Aus diesem Grund beharre ich darauf, daß diese Determinationen sowohl auf das Zeichen als auch auf die Planeten beziogen betrachtet werden sollten.

Wenn das Zeichen im ersten Haus eines Horoskopes ebenfalls auch im ersten Haus eines anderen Horoskopes ist, hat jeder der beiden Geborenen denselben Aszendenten und denselben Geburtsgebieter. Diese Herrscher des Aszendenten könnten entweder dieselbe kosmische und irdische Stellung haben oder nicht, aber wenn sie dieselbe kosmische und irdische Stellung haben (was sehr selten ist), so wird ein höchst- mögliches Verständnis zwischen den beiden Nativen vorherrschen, sowohl bezüglich der Angelegenheiten des ersten Hauses, wie auch des Hauses, in dem die Herrscher stehen. Wenn die Stellung der Herrscher nicht dieselbe ist, müssen die Bedeutungen der ersten Häuser mit denjenigen der Häuser kombiniert werden, in welchen die Herrscher in beiden Horoskopen, unter Beachtung ihrer kosmischen Stellung, stehen, um die

---

[47] in: Claudius Ptolemaeus, Tetrabiblos, (Berlin, 1923) p.138.

Dinge zu beurteilen, die das Schicksal für jeden der beiden Geborenen bereithält.

Wenn das Zeichen im zweiten, dritten, vierten, fünften Haus
usw. eines Horoskopes mit dem ersten Haus eines anderen Horoskopes zusammenfällt, wird jeder Horoskopeigner dasselbe
Zeichen und denselben Herrscher für die beiden Häuser haben,
der durch kosmische und irdische Stellung derselbe sein könnte
oder auch nicht. Ist er identisch, werden die Kombinationen der
Angelegenheiten des zweiten, dritten oder vierten Hauses des einen Horoskopes bei den Entsprechungen des ersten Hauses des
anderen Horoskopes stark gespürt. Wenn deren Stellung nicht
dieselbe ist, müssen die Theme des zweiten, dritten oder vierten
Hauses des einen Horoskopes mit der Bedeutung des ersten Hauses des anderen Horoskopes kombiniert werden, jedoch immer
unter Beachtung der verschiedenen Häuser, in denen der Herrscher vorgefunden wird, wie auch seiner kosmischen Stellung in
jedem der beiden Horoskope.

Und was ich für die Zeichen des zweiten, dritten, vierten Hau-
ses usw. von einem Geburtsbild im ersten Haus des anderen
Horoskopes sage, muß so verstanden werden, daß es in gleicher
Weise anwendbar ist auf das Zeichen im zweiten, dritten, vierten
Haus usw. des einen Geburtsbild es im zweiten, dritten, vierten
Haus usw. des anderen Horoskops.

Die planetaren Kombinationen müssen auf zwei Arten betrachtet werden: Zunächst können die Planeten des einen Horoskopes
an den Häuserspitzen oder in den Häusern des anderen Horoskopes gefunden werden, vornehmlich auf dem Aszendent oder dem
Medium Coeli. Zudem können Planeten der einen Horoskops auf
den Positionen der Planeten der anderen Geburtsfigur stehen.

Wenn ein Planet des einem Horoskopes auf dem Aszendenten
eines anderen Horoskopes steht, ist das erste, was zu beachten ist,
die Determination des Planeten im ersten durch das Haus, welches
er besetzt, wie auch seine Natur und kosmische Stellung; denn in

Übereinstimmung mit diesen drei Faktoren übt er seine Wirkung auf Charakter, Disposition und physisches Wohlbefinden des Nativen des anderen Horoskopes aus. Und wenn daher ein Planet im ersten Haus steht oder Herrscher des ersten Hauses ist – d.h. sich auf die Angelegenheiten des ersten Hauses bezieht – so wird, wenn dieser in das erste Haus des anderen Horoskopes fällt, zwischen den Nativen eine beachtliche Ähnlichkeit von Charakter, Temperament und Zielsetzung bestehen, weil diese Dinge durch das gleiche Zeichen und denselben Planeten in jedem Horoskop verursacht werden. Wenn der Planet sich auf Vermögen oder die materiellen Angelegenheiten des zweiten Hauses des einen Horoskopes bezieht, wird dieser Geborene auf irgendeine Weise die Quelle von Reichtum für den anderen sein oder er wird Geld von dem anderen erhalten, wenn diese Gestirnung ihm ins zweite Haus fällt. Wenn der Planet sich auf die Angelegenheiten des dritten Hauses im ersten Horoskop bezieht, wird dieser Native durch einen Verwandten, auf einer Reise oder durch Religion in Kontakt mit dem anderen gebracht. Wenn der Planet sich auf die Bedeutungen des siebten Hauses bezieht – Heirat oder Rechtsstreitigkeiten – und dies Personen desselben Geschlechts sind, werden sie gemeinsam in Geschäfte oder Streitigkeiten und Verträge involviert – wenn sie dagegen von unterschiedlichem Geschlecht sind, werden sie durch Heirat oder Rechtsstreitigkeiten, Verträge oder Geschäftsbeziehungen Partner. Wenn der Planet sich auf die Angelegenheiten des achten Hauses im ersten Horoskop bezieht, hat dieser Native den Signifikator seines eigenen Todes in dem besonders wichtigen ersten Haus des anderen Nativen: Und dieser hüte sich davor, damit nicht von dem letzteren Todesgefahr für ihn selbst ausgeht. Wenn der Planet sich auf die Angelegenheiten des zehnten Hauses im ersten Horoskop bezieht, wird der Native von dem anderen in dessen Beruf oder dessen Position abhängig sein oder wird vom anderen gebraucht oder ihm in dessen Belangens des zehnten Hauses untergeordnet sein.

Wenn ein Planet, der im zweiten Haus eines Horoskopes positioniert ist, im siebten eines anderen Horoskopes vorgefunden wird, sind die Bedeutungen dieser Häuser zu kombinieren und die Nativen beeinflussen sich gegenseitig entsprechend; und dieselbe Begründung ist für die anderen Häuser anzuwenden.

Wenn ein Planet des einen Horoskopes auf einem Planeten in einem anderen Horoskop steht, sind immer zuerst die Determinationen jedes Planeten in jedem Horoskop hinsichtlich seiner Hausposition zu beachten; sodann die Natur und die kosmische Stellung eines jeden und danach ist zu prüfen, ob sie wohltätig oder übeltäterisch, stark oder schwach gestellt sind; aus diesen Faktoren wird ein Urteil durch die oben dargestellte Kombinationsmethode gefällt. Denn die ganze Kunst dieser Beurteilung hängt vom Durchdenken der möglichen und angemessenen Kombinationen ab, und von der Interpretation, was ihre Auswirkungen sein können.

Die Voraussage dessen, was die Auswirkungen dieser Kombinationen sein können ist für die Engel wegen ihrer hohen Intuition und der Erleuchtung ihres Geistes in der Tat leicht; aber für Menschen gilt das Gegenteil und sie finden dies schwierig und sogar unmöglich, dabei nicht häufig einem Irrtum zu unterliegen. Ich will hier jedoch die Wahrheit darüber sagen, wie Geschicklichkeit darin erlangt werden kann: Studiere und praktiziere bis du perfekt wirst, so daß du für alle beiden Horoskope in der Lage sein wirst vorherzusagen, ob die Nativen übereinstimmen können oder nicht und warum.

Die Planeten des einen Horoskops können auch mit den Planeten und Signifikatoren des anderen Horoskops durch ihre Aspekte dahingehend kombiniert werden, ob diese ihrer Natur nach wohltätig oder übeltäterisch sind. Schließlich glaube ich nicht, daß es in diesen Kombinationen irgendeine Bedeutung hat, welcher der beiden Geborenen älter ist; was immer die Kombination für den ersten Nativen anzeigt wird ihm widerfahren, ganz gleich, ob durch die Vermittlung einer jüngeren Person oder einer älteren.

Es sollte jetzt klar sein, daß diese Methode in ihrer Anwendung ausgedehnter ist, als die im 47. Aphorismus von Ptolemaeus beschriebene, und daß dieser Aphorismus sogar häufig unrichtig sein kann; denn wenn eine Person den Saturn im Wassermann im ersten Haus hat und jemand anders Jupiter auf dem selben Grad und auch im ersten Haus hat, wäre eine solche Kombination der Angelegenheiten des ersten Hauses für beide Horoskopeigner angenehm und günstig und der Letztere wäre stärker durch den Ersteren aufgrund dessen Vorsicht, Rat, Ernsthaftigkeit und Autorität unterstützt, als es im umgekehrten Fall wäre

Kapitel XIV

DAS ZUSAMMENWIRKEN DES GEBURTSHOROSKOPES MIT DEN HOROSKOPEN ANDERER INDIVIDUEN

Die Frage ist hier nicht, ob es möglich ist, Urteile über Eltern, Gatten, Kinder usw. des Nativen aus einem Geburtshoroskop zu fällen, da jeder Astrologe seit Ptolemaeus dies so gemacht hat. Statt dessen wird diese Möglichkeit und die Bedeutung für die anderen betroffenen Individuen diskutiert. Es sollte klar gesagt werden, daß die essentielle Bedeutung eines Hauses in einem Geburtshoroskop etwas Akzidentielles ist, das sich auf den Nativen selbst bezieht und nicht auf eine andere Person – d.h., die Bedeutung des ersten Hauses entspricht lediglich der physischen Konstitution, dem Charakter und dem Temperament des Nativen und nicht eines anderen. Die Entsprechung des zwölften Hauses ist Krankheit und betrifft ausschließlich den Geborene und nicht den zustand eines anderen; das achten Hauses seht für den Tod des Nativen und nicht das Ableben eines anderen Menschen; in diesem Sinne gilt dies auch für die verbleibenden Häuser. Daher hat ein Planet, ein Zeichen oder ein Aspekt in einem Haus, einen Bezug zu dessen wesentlichen Bedeutungen für diesen Nativen und betrifft nur ihn allein. So hätte ein Planet im siebten Haus Bedeutung für Heirat, Rechtsstreitigkeiten und Feinde des Nativen – aber nicht für irgendeine andere Person. Daraus wird klar, wie sehr sich die Alten im Irrtum befunden haben, da sie keine Notiz von dieser Tatsache genommen haben und einfachh aus dem achten Haus Urteile über den Tod der Eltern, Gatten, Kinder, Diener und Freunde und Feinde gleichermassen gefällt haben, denn sie haben behauptet, daß z.B. der Herrscher des fünften Hauses im achten Haus oder die Herrscher dieser beiden Häuser in Quadrat oder Opposition zueinander, den Tod der Kinder andeuten würde. Und durch dieselbe Annahme kam man zu der Vorhersage, daß der Herrscher des achten Hauses in Konjunktion mit dem Herrscher des siebten Hauses den Tod des Gatten anzeigt oder in Konjunktion mit dem Herrscher des vierten Hauses den Tod der Eltern. Ähnlich wären, wenn der Herrscher des fünften Hauses im zehnten Haus stünde, Ehre und Position für die Kinder angezeigt oder wenn der Herrscher des dritten Hauses im zehnten Haus stünde, würde dasselbe für die Geschwister gelten. Jedoch beziehen sich, aus den oben angegebenen Gründen, das achte und das zehnte Haus nur auf den Tod oder die Ehren des Nativen selbst und nicht irgendeine andere Person.

Es kann der Einwand erhoben werden, daß an jedem geographischen Punkt der Raum des achten Hauses das gemeinsame oder universelle Todeshaus für alle an diesem geographischen Punkt Geborenen oder Lebenden ist, wie es durch die universellen Horoskope für die jährlichen Revolutionen der Welt und für Eklipsen und Lunationen erstellt würde. Wenn z.B. eine Eklipse im achten Haus auftreten würde oder ihr Herrscher dort zu stehen käme, würde dies Sterblichkeit in dieser Region anzeigen; wenn diese Faktoren (Eklipsen oder Herrscher) im siebten Haus wären, würden sie Krieg vorankündigen. Daher würde vom Herrscher des dritten Hauses im achten Haus im Geburtshoroskop der Tod von Geschwistern angezeigt werden; usw.

Ich würde erwidern, daß sich „universelle" Horoskope von „individuellen" unterscheiden, indem die letzteren für den Augenblick einer spezifischen Wirkung erstellt werden, wie die Geburt eines menschlichen Wesens, für welches, und dessen die Erfahrung, der gesamte Himmel durch die primären Räume oder Häuser die Bedingungen gibt; aber die zuerst genannten Horoskope sind für den Augenblick einer universellen Ursache errichtet, wie eine Lunation oder Eklipse, und diese Ursache wirkt universell oder ohne Differenzierung des Ortes, für den das Horoskop errechnet ist. Wenn daher eine Eklipse im achten Haus stattfinden würde oder deren Herrscher im achten Haus stünde, wären in der Tat Sterblichkeit durch Hunger, Plagen oder Krieg angezeigt, abhängig von der Natur und dem kosmischen Zustand der Planeten – aber nur universell und unterschiedslos und für den einen Menschen nicht mehr wie für den anderen, zumindest nicht von der Kraft dieses Hauses allein. Aber im Horoskop eines einzelnen Individuums wirkt der Herrscher des dritten Hauses im achten Haus auf den Geborenen durch die lokalen Determinationen – d.h., im achten Haus wirkt er oder hat er einen Einfluß auf den Tod des Nativen und weil er Herrscher des dritten ist, wirkt sein Einfluß durch die Geschwister des Nativen. Da der Herrscher des dritten Hauses im achten Haus steht, werden diese beiden Betrachtungen kombiniert, mit dem Ergebnis, daß der Planet den Nativen durch die Bedeutungen „Tod" und „Geschwister" gleichzeitig beeinflußt. Andernfalls – und dies steht im Gegensatz zur allgemeinen Erfahrung – wäre der Geborene nicht durch die Herrscher der Häuser beeinflußt. Daher wird, wenn der Herrscher des dritten Hauses im achten Haus steht, der Tod nicht für die Geschwister angezeigt, sondern eher für den Horoskopeigner selbst, verursacht aufgrund oder durch seine Geschwister; demetsprechend behandeln wir auch die anderen Häuser. Denn ganz sicher bezieht sich jede Bedeutung der Häuser, Zeichen und Planeten im Horoskop in erster Linie auf den Nativen selbst, und wenn das achte Haus sich gleichermaßen auf den Tod des Nativen, dessen Eltern, Gatten, Kinder usw. bezöge, so würde diesem Haus, im Horoskop eines einzelnen Individuums, keine individuelle Bedeutung beigemessen werden. Dies wäre eine Absurdität, denn durch dieselbe Kombination müßte das erste Haus die physikalische Konstitution, Charakter und Temperament nicht nur des Nativen selbst darstellen, sondern auch die seiner Eltern, Gatten, Kinder usw, und dasselbe würde für die anderen Häuser gelten müssen, was also die größte Verwirrung in der Astrologie bewirken würde und völlig im Gegensatz zur Erfahrung steht.

Aber da es zutrifft, daß vom Horoskop des Nativen viele Dinge angezeigt werden, die seinen Eltern, Gatten, Geschwistern, Kindern usw. widerfahren, kann gerechterweise gefragt werden, durch welche kosmische Ursache diese Dinge geschehen und wovon sie abhängen und ob nur das eigene Horoskop des Nativen oder die Horoskope dieser anderen oder etwas beiden Gemeinsames dabei am Werke ist.

Lucio Bellantius behauptet in seiner Schrift gegen Pico Mirandola, daß die Horoskope von Eltern – da diese zeitlich vorausgehen – die Kraft einer universellen Ursache hinsichtlich der Horoskope ihrer Kinder, wie auch anderer Abkömmlinge oder Nachkommen haben und daher die Macht besitzen, einen gewissen Einfluß auf diese Horoskope und auf die zukünftigen Ereignisse auszuüben, welche im Leben dieser Nativen eintreten, genau so wie die jährliche Drehung der Welt durch die Lunationen determiniert wird. Darüber hinaus behaupter er, daß er einen Adligen kannte, der das Haus der Kinder verletzt hatte und dessen Kinder alle eines gewaltsamen Todes gestorben sind. Ein solcher Bericht, obwohl vielleicht wahr und in der Tat plausibel, ist nicht befriedigend, denn obwohl das Horoskop des Sohnes demjenigen des Vaters durch die zeitli-

154

che Periodizität des Letzteren untergeordnet wäre, so wie ein Einzelindividuum der universellen Konstellation untergeordnet ist, könnte dasselbe nicht für die Geschwister, Verwandten, Gatten, Diener, Freunde, usw. des Nativen gesagt werden, deren Horoskope eine solche Unterordnung oder Abhängigkeit nicht zulassen könnten. Überdies ist das von Bellantius zitierte Beispiel zu seiner eigenen Beweisführung im Widerspruch; denn das Horoskop des Vaters muß hinsichtlich des gewaltsamen Todes der Kinder die Horoskope dieser beeinflußt haben, aber es kann nicht gesagt werden, daß die Horoskope der Kinder hinsichtlich ihres eigenen Todes einen Einfluß auf das Horoskop des Vaters hatten, denn dies würde bedeuten, daß das Horoskop des Vaters das beeinflußte Geburtsbild gewesen wäre; daher muß ein anderer Grund gefunden werden.

Aber es kann nur anhand einer Beurteilung des Horoskopes des Nativen genauso wenig gesagt werden, daß z.B. seine Geschwister oder Gatten vor ihm selbst sterben würden; denn – zumindest bei einem natürlichen Tod – würde mehr von ihrem eigenen Schicksal als unmittelbare Ursache abhängen als von einem anderen und entfernteren Schicksal abhängen würde. Ganz ähnlich sieht es aus, wenn ein Horoskop zeigt, daß der Native vom Gatten, den Dienern oder Geschwistern getötet werden wird. Dieses Ereignis geht nicht aus dem Horoskop des Gatten, der Diener oder Geschwister hervor, sondern klar aus dem eigenen Horoskop des Geborenen, wo ein solches Ereignis angezeigt sein muß. Wir müssen daher sagen, daß solche Wirkungen durch Ursachen hervorgebracht werden, die in Übereinstimmung mit allen involvierten Personen sind, mit anderen Worten, nicht ein spezifisches Horoskop, welches sich von allen anderen unterscheidet, sondern eine Kombination der Horoskope die reziprok ist und im Hervorbringen eines solchen Ergebnisses wie dem zuvor geschilderten, so zusammenwirkt, daß deren innewohnenden Kräfte letztlich das Ereignis jäh hervorbringen. Daher werden die Kinder des Vaters

155

einen gewaltsamen Tod sterben, da dies nicht nur im Horoskop des Vaters angezeigt ist, sondern auch im Horoskop jedes einzelnen Kindes und durch diesen Konsens wird das Ergebnis durch beide Zeugnisse bestätigt. Ähnlich könnte einem Individuum gesagt werden, daß es seine Frau überlebt, was nicht nur im Horoskop des Nativen gezeigt ist, sondern auch im Horoskop der Gattin oder zumindest aus einem Vergleich der beiden Horoskope würde klar, daß sie vor ihrem Gatten sterben würde. Auf dieselbe Art betrachtet man alle anderen Ereignisse oder Begebenheiten, die verschiedene Personen im Leben des Horoskopeigners betreffen.

Göttliche Vorsehung ist in der Tat wundersam, wenn sie in ihrer unerforschlichen Weisheit diejenigen Horoskope zusammenbringt, die zueinander passen für all das, was schicksalhaft miteinander geteilt werden muß, und sie erlaubt dem Leben der Geborenen, in einer Weise zusammenzuwirken, daß ein Mörder zur Stelle sein wird, wenn es einem Menschen bestimmt ist, durch Feinde getötet zu werden oder eine entsprechende Frau von demjenigen gefunden wird, dem es bestimmt ist, unglücklich verheiratet zu sein.

Jedoch, wundersam sind auch die Determinationen der Himmelskörper in einem Horoskop hinsichtlich der Angelegenheiten der Eltern, Gatten, Kinder usw. des Nativen, denen bisher nicht genug Aufmerksamkeit geschenkt wurde. Denn der Herrscher des dritten Hauses im zehnten Haus – besonders ein Übeltäter in ungünstiger Stellung – zeigt den Tod der Geschwister an, weil das zehnte Haus, gezählt vom dritten Haus ab, an dritter Stelle steht; und ähnlich zeigt der Herrscher des fünften Hauses im zwölften Haus aus demselben Grund den Tod der Kinder an – besonders wenn Saturn oder Mars das zwölfte Haus besetzen– denn das zwölfte Haus ist, vom fünften Haus ab gezählt, an achter Stelle. Diese Vorgehensweise wird durch die Tatsache gerechtfertigt, daß das achte Haus, vom ersten Haus ausgehend gerechnet, den Tod des Nativen darstellt, und so entspricht das achte Haus, vom fünften aus gezählt, dem Tod der Kinder. Mehr noch an anderer Stelle daüber gesagt, was vom eigenen Horoskop des Nativen aus abgeleitet werden kann, betreffend die Horoskope seiner Eltern, Gatten, usw. Ptolemaeus und anderen Astrologen der Vergangenheit folgend, werden wir diese Vorgehensweise mit Fallstudien erläutern.

Die Direktionen der universellen Signifikatoren, die Cardanus „Signifikatoren essentieller Natur" nennt, wo die Sonne, z.B., genommen wird um den Vater zu repräsentieren und der Mond die Mutter, wird anderswo untersucht werden und als der Vernunft und Erfahrung entgegenstehend widerlegt.

Es könnte der Einwand erhoben werden, daß Bellantius, wenn er gegen Pico Mirandola schreibt, nicht feststellt, daß der Hauptsignifikator für den Vaters die Sonne oder Saturn ist oder für Wohlstand Jupiter, für geistige Fähigkeiten Merkur usw., sondern statt dessen feststellt, daß der Herrscher des vierten Hauses für den Vater genommen werden sollte, der Herrscher des zweiten Hauses für Geld, und der des dritten Hauses für die geistigen Fähigkeiten usw. Es muß daher zugestanden werden, daß zumindest einige Astrologen in dieser Angelegenheit nicht geirrt haben.

Ich würde antworten, daß in der Tat Bellantius diese Sache etwas aufmerksamer studiert hat als seine Vorgänger, daß er jedoch in gewissem Maß noch irrt. Bellantius behauptet, daß z.B. vier Dinge die Signifikatoren für Geld seien. Als da wären: Das Zeichen des zweiten Hauses; der Planet, welcher seiner Natur nach Analogie zu Wohlstand hat – d.h. Jupiter; jeder Planet im zweiten Haus; der Planet, der das zweite Haus regiert. Hier stimmt er mit anderen Astrologen zurecht überein, aber er geht weiter und stellt fest, daß ein Zeichen auf Grund seiner Unfähigkeit, zu wirken nicht der primäre Signifikator sein könne und behauptet, daß die Zeichen eine Art Stoff sind, denen die Planeten, wenn sie in den Zeichen stehen, ihr Gepräge geben. Noch könnte der primäre Signifikator ein Planet sein, der tatsächlich in einem solchen Zei-

157

chen steht, da das Zeichen Exil oder Fall für den Planeten sein könnte, und darüber hinaus ist ein Planet nicht immer im selben Zeichen. Er ist der Ansicht, daß der primäre Signifikator etwas Fixes und Dauerhaftes sein sollte, und nicht der Planet, der seiner Natur nach Wohlstand verspricht – d.h. Jupiter, denn er behauptet, daß die Häuser des Horoskopes eine größere Mannigfaltigkeit verursachen, indem sie den Einfluß der Himmelskörper modifizieren, als dies die Zeichen tun, und daß der bedeutendste Ausdruck des Einflußes der Sterne in der Tat durch die Häuser stattfindet. Daraus schließt er, daß der Herrscher des zweiten Hauses der primäre Signifikator von Reichtum sei, danach Jupiter und dann irgendwelche Planeten, die im zweiten Haus stehen oder einen Aspekt dorthin senden und schließlich das Zeichen des zweiten Hauses; dies ist auch ihr Rang durch Stärke – zumindest wenn alle anderen Faktoren gleich sind – da es passieren könnte, daß der erste im Rang so geschwächt wäre, daß der zweite oder dritte ihm vorgezogen werden würde.

Allerdings ist die Theorie von Bellantius in folgenden Punkten unrichtig. Erstens irrt er sich, wenn er behauptet, daß die Zeichen eine Art Stoff oder Substanz darstellen – d.h., sie sind eher passiv als aktiv – und daß sie durch die Planeten gestaltet, geformt und wirksam gemacht werden, die in ihnen stehen, denn tatsächlich wirken die Zeichen aus sich selbst, wie wir oben schon festgestellt haben; und von den Zeichen und den Planeten in ihnen, wie auch dem Zeichenherrscher, geht eine Kombination der Qualitäten hervor, die zusammenwirkt. Zweitens irrt er, wenn er einen Planeten als wertlos betrachtet, der im zweiten Haus, und dort im Zeichen seines Exils oder Falls steht; denn ein Planet im zweiten Haus erhält keinerlei Signifikanz für Geld aus dem Zeichen, in welchem er steht, sondern durch seine Stellung im zweiten Haus, dem man nachsagt, es habe einen Einfluß auf die Finanzen. Auch spielt es keine Rolle, ob der Planet im zweiten Haus in seinem Exil oder im Fall steht, da ein Planet im zweiten Haus sich nur auf finanzielle Dinge bezieht, und in guter kosmischer Stellung wird er dort das Erlangen von Reichtum anzeigen, aber in ungünstiger kosmischer Stellung zeigt er wenig oder gar kein Geld oder die Verschwendung welcher Resourcen auch immer an. Darüber hinaus würde selbst die gute Stellung von Jupiter nichts anzeigen, wenn er sich nicht durch kosmische Stellung, Herrschaft oder starken Aspekt auf Reichtum oder ähnliche Dinge beziehen würde. So können wir sehen, daß ein Planet im zweiten Haus als Hauptsignifikator für Finanzen angesehen werden sollte. Und in dieser Angelegenheit irrt Bellantius zusammen mit vielen anderen, indem er denjenigen Planeten als den Hauptsignifikator für Finanzen wählen möchte, welcher der stärkste ist oder sich in der günstigsten kosmischen Stellung befindet, als ob Geld für Jedermann angezeigt werden könnte – was klar im Gegensatz zur Erfahrung steht; und sie machen denselben Fehler bei der Auswahl der Signifikatoren von Ehre oder von Heirat usw. Drittens irrt er, wenn er behauptet, daß die Häuser eine größere Mannigfaltigkeit des Einflusses der Planeten verursachen als die Zeichen, und es ist falsch, daß die Wirkung eines Planeten eher von einem Haus zum anderen variiert, als von einem Zeichen zum anderen, denn ein Zeichen und ein ihm innewohnender Planet wirken als Partner, deren Qualitäten gemischt oder kombiniert sind, und die universell auf die gesamte sublunare Welt wirken. Wenn daher ein Planet durch ein anderes Zeichen als sein eigenes läuft, ist die qualitative Kraft des Zeichens mit der des Planeten zusammengefügt, um eine simultane Wirkung zu erzielen, während die Häuser keine *aktive* Kraft besitzen, sondern nur die Kraft, der Qualität eines Planeten oder Zeichens eine Determination zu geben, wie wir anderswo bereits festgestellt haben. Und daher variiert die Qualität eines Planeten, der sich durch primäre Bewegung vom dritten zum zweiten Haus bewegt, nicht, sondern bleibt gleich, während seine lokale Determination lediglich zu der von „Finanzen" wechselt. Daher wird der primäre Signifikator von Geld der Planet im zweiten Haus sein, nach diesem der Herrscher des zweiten Hauses, dann das Zeichen im zweiten und zuletzt die Aspekte zum zweiten Haus. Jupiter jedoch, außerhalb des zweiten Hauses gestellt, ohne Herrschaft oder Exaltation seines Zeichens darin oder und Aspekt zu irgendeinem Planeten, der diese Bedingungen erfüllt, wird normalerweise keinerlei Einfluß auf den Reichtum des Nativen haben; ich sage „normalerweise", denn wenn er in guter Stellung im siebten Haus wäre, würde er Geld akzidentiell durch Heirat anzeigen; wenn er im zehnten Haus steht, gelangt man durch Ehren und durch den Beruf zu Geld.

Kapitel XV

Die unmittelbaren und die mittelbaren Determinationen der essentiellen Bedeutungen der Häuser

Die primären Häuser (Tierkreiszeichen) determinieren die Himmelskörper aktiv, während diese Körper die essentiellen Bedeutungen der Häuser passiv determinieren, wie bereits erklärt wurde. Des weiteren wird die essentielle Bedeutung eines Hauses generell auf zwei Arten determiniert – unmittelbar und mittelbar. Diese Bedeutung wird unmittelbar durch alle Faktoren determiniert, welche in dieses Haus fallen, sei es Zeichen, Planet oder Aspekt. So verleiht Mars im ersten Haus einen martialischen Charakter, wie im Horoskop von Kardinal Richelieu ersichtlich ist; Jupiter einen jovialen Charakter, wie im Horoskop von Charles de Condron[48]; das partile Sextil von Merkur zum Aszendenten, einen merkurialen Charakter, wie es in meinem eigenen Horoskop vor-

---

[48] Charles de Condron (1588 - 1641). Der Beichtvater von Gaston de Foix, vergleiche Fußnote 31.

liegt. Eine solche Determination wird unmittelbar genannt, weil sie aus kosmischen Ursachen hervorgeht, die unmittelbar mit diesem Haus zusammenhängen, und jede andere Determination als die zu- vor genannten Ursachen, wird als mittelbar bezeichnet. Daher wird der Native mit Jupiter am Aszendenten in der Tat eine joviale Natur haben, und wenn Jupiter zufällig auch der Herrscher des Aszendenten ist, wird er eine joviale Natur haben, die völlig unvermischt mit anderen Elementen oder Einflüssen ist. Wenn aber Jupiter den Aszendenten regiert und in das zehnte Haus gestellt ist, wird der Geborene von jovialer Natur sein, die dazu neigt, Ehren zu säen; wenn Jupiter im neunten Haus ist, ist er der Religion und geistlichen Dingen zugeneigt; Jupiter im fünften zeigt die Tendenz zu Vergnügungen usw., und daher ist die essentielle Bedeutung eines Hauses unmittelbar durch die kosmischen Ursachen modifiziert, die tatsächlich in dieses Haus fallen; mittelbar jedoch durch indirekte Zusammenhänge mit diesem Haus.

Die unmittelbaren Determinationen treten auf neun Arten in Erscheinung: 1. Durch einen Planeten in einem Haus und in seinem eigenen Zeichen und in Aspekt zu einem anderen Planeten. 2. Durch einen Planeten in einem Haus und in seinem eigenen Zeichen, aber ohne Aspekt zu einem anderen Planeten. 3. Durch einen Planeten in einem Haus außerhalb seines eigenen Zeichens, aber mit Aspekt zu seinem eigenen Herrscher. 4. Durch einen Planeten in einem Haus außerhalb seines eigenen Zeichens, aber in Aspekt zu einem anderen Planeten, der nicht sein Herrscher ist. 5. Durch einen Planeten in einem Haus außerhalb seines eigenen Zeichens, ohne Aspekt zu einem anderen Planeten, 6. Durch ein Zeichen in einem Haus und einem Aspekt von seinem Herrscher. 7. Durch einen Aspekt eines Planeten, der dieses Haus nicht regiert. 8. Durch einen Planeten im gegenüberliegenden Haus. 9. Nur durch ein Zeichen in einem Haus und ohne Aspekt oder *Antiscium* zu ihm. Auf diese neun Arten wird die Bedeutung eines Hauses unmittelbar durch die Natur des Planeten, der dieses Haus besetzt, regiert oder Aspekte dazu hat modifiziert und zwar in der hier gegebenen Rangordnung. Und diese Arten können entweder einfach sein, wie oben dargestellt oder komplex – d.h., wenn mehr als ein Planet, Zeichen oder Aspekt in demselben Haus vorgefunden wird, denen allen eine individuelle Bedeutung zukommen muß. Aber mittelbare Determination tritt ebenfalls auf neun Arten in Erscheinung: Erstens durch den Herrscher eines Hauses in einem anderen Haus, aber in seinem eigenen Zeichen und in Aspekt zu einem anderen Planeten. Zweitens durch den Herrscher eines Hauses in einem anderen Haus und in seinem eigenen Zeichen, ohne Aspekt zu einem anderen Planeten; dies läßt sich entsprechend der unmittelbaren Determinationen für die anderen Arten fortführen. Ein Planet, der ein Haus aspektiert, ist auf dieselbe Art zu betrachten. Und so muß das, was zuvor betreffend die aktiven Determinationen der Himmelskörper und ihrem Einfluß auf die sublunare Welt, gesagt wurde, als ausreichend betrachtet werden. Man sollte nun in der Lage sein zu erkennen, was Gutes in den Büchern der alten römischen, griechischen und arabischen Astrologen stehen mag, welche die Wahrheiten dieser göttlichen Wissenschaft nur durch die Tradition erhalten haben, die von Adam und seinen Abkömmlingen der Nachwelt überliefert wurde und es uns, ohne tieferes Verständnis der Prinzipien und durch eigene Findungen, Absurditäten und vieles, was wertlos ist, verdorben übergeben wurde. Nichtsdestoweniger haben sie, durch diese Wahrheiten gezwungen, erkannt, daß die Stellungen der Planeten und deren Herrschaft in den Häusern des Horoskops Auwirkungen haben, die auffallend sind, aber sie haben der generellen Ursache keinen Gedanken gewidmet, die jedoch nichts anderes ist, als die Determinationen der Himmelskörper wie oben dargestellt und die bis jetzt von niemand anderem beschrieben wurde. Denn die Himmelskörper wirken wahrlich nur entsprechend ihrer ganz spezifischen Determinationen.

Kapitel XVI

DIE HIMMELSKÖRPER ALS URSACHE IN DER NATUR, DIE GOTTES WIRKEN IN DER WELT DARSTELLEN

Die Wirkung und Macht des Himmels und der Sterne und die wundersamen Dinge, die in diesem Buch beschrieben werden, sind durch Erfahrung bewiesen. In diesem Kapitel wollen wir als abschließende Zusammenfassung zeigen, daß keine Ursache in der Natur Gottes Wirken im existierenden Universum perfekter darstellen kann, als dies die Himmelskörper durch ihre Kraft und ihren Einfluß tun. Man muß anmerken, daß neben den Himmelskörpern nur vier Elemente in der Natur zu finden sind, denen die drei chemischen Grundsubstanzen Salz, Schwefel und Quecksilber entsprechen, und aus diesen sind die sublunaren Objekte zusammengesetzt, seinen es Meteoren, Mineralien, Planzen oder Tiere. Aber in keiner dieser Substanzen oder Zusammensetzungen ist eine Kraft zu finden, welche mit dem Einfluß der Himmelskörper zu vergleichen wäre. In der Tat wurde der menschliche Intellekt von diesem Einfluß in Bann gehalten, insbesondere in diesem Jahrhundert, als dieser Zusammenhang weiteren Kreisen zugänglich wurde; auch ist in der sublunaren Welt nichts Wundersameres als die Macht dieser Wirkung bekannt. Und so ist es, daß der allwissende und allmächtige Gott sein Wesen auf vortreffliche Art den Himmelskörpern eingeprägt hat – seinen Repräsentanten in der Welt der Natur – durch welche er das Schicksal aller natürlichen Wirkungen regiert und ordnet, und gestattet, daß wir seinen Willen verstehen mögen.

Erstens. Da die Wirkungskraft Gottes etwas sehr Einfaches und Unaussprechliches ist, das wir den Willen Gottes nennen, ist die Kraft des *Primum Caelum* und der Planeten ebenfalls sehr einfach und – zumindest für uns unaussprechlich; sie ist uns durch ihren Einfluß bekannt.

Zweitens. Da die Wirkungskraft allmächtig ist, so ist auch die Kraft des *Primum Caelum* und der Planeten allmächtig, und es gibt keine natürliche Wirkung, auf die das *Primum Caelum* und die Planeten nicht Einfluß nehmen.

Drittens. Da kein Geschöpf der Kraft Gottes widerstehen kann, gibt es in der sublunaren Welt nichts, das die Macht hätte, dem Einfluß der Himmelskörper zu widerstehen; denn die Qualität der Gestirnkonstellationen wird diesen sublunaren Dingen ständig eingegeben, und diese sind ihr immer unterworfen, da diese Macht in jeden Teil der Erde eindringt.

Viertens. Da Gott, durch den Akt seines Willens, augenblicklich bewirkt, welche Dinge sich auch immer ereignen mögen, löst die Kraft des *Primum Caelum* und der Sonne unmittelbar aus was immer sie nur durch diesen Einfluß oder diese Kraft bewirken kann. Und dasselbe gilt für Mond, Saturn, Jupiter, Mars usw. Jedoch bewirkt die Sonne nicht das, was dem Mond oder dem Saturn untersteht, da die spezifische Natur der Planeten unterschiedlich ist und jeder entsprechend seiner Natur auf jedes und alle sublunaren Dinge wirkt, die ins Sein berufen sind.

Fünftens. Da Gott bewirkt, was immer das *Primum Caelum*, Sonne, Mond, Saturn, Jupiter usw. auslösen oder da Er bei jedem von ihnen als absolute Erstursache mitwirkt, betrifft das *Primum Caelum* was immer Sonne, Mond, Saturn usw. hervorbringen– d.h. es spielt bei jedem von ihnen als erste Ursache innerhalb der Natur mit. Daher ist unter allen natürlichen Ursachen das *Primum Caelum* dasjenige, welches Gott am ähnlichsten ist, wie es sich einer ersten natürlichen Ursache geziemt.

Sechstens. Gottes Kraft oder Wille bewirkt gleichzeitig Dinge, die in ihrer Art, Klasse oder Zahl verschieden sind – nicht nur in unterschiedlichen Subjekten, sondern auch in demselben Subjekt, wie im Menschen. Zum Beispiel sind Gesundheit, Stellung,

Heirat usw. eines Menschen Angelegenheiten, die sich voneinander durch die Natur der Häuser unterscheiden. Aber Gott wirkt gleichzeitig auf all diese Dinge ein, sowohl bei verschiedenen Menschen als auch beim einzelnen Individuum – d.h. er wirkt gleichzeitig bei beidem, bei der natürlichen Ursache und deren spezieller Auswirkung mit. Deshalb können bei verschiedenen Menschen wie auch beim Individuum Dinge anders in Art und Anzahl auftreten, und Gott wirkt bei den Sekundärursachen mit, welche diese Dinge bedingen. Und auf die gleiche Art ahmt die Sonne Gott nach, durch ihre Stellung in den verschiedenen Häusern für alle Bewohner der Erde, und so bewirkt sie gleichzeitig bei allen Menschen Dinge, die ihrer Art und Anzahl nach unterschiedlich sind. Sie ruft diese Dinge nicht nur durch ihre kosmische Stellung hervor, sondern auch durch ihre Herrschaft und ihre Aspekte, und sie kann das eine durch Stellung bewirken, das andere durch Herrschaft und etwas ganz anderes durch ihre Aspekte zu sonstigen Planeten; und dasselbe gilt ähnlich für den Mond, Saturn, Jupiter usw.. Aber das *Primum Caelum*, auf das sich Herrschaft oder Aspekte nicht beziehen, da es über diesen Dingen steht, bewirkt in seiner Einfachheit und seiner herausragenden Bedeutung alle Dinge, wie auch einzelne Dinge durch seine universelle Präsenz. Aber für individuelle Dinge sind seine Auswirkungen unterschiedlich, entsprechend seinen jeweiligen Stellungen. Jedoch geht jede separate Wirkung des *Caelum* auf dasselbe Einzelindividuum nicht vom gesamten *Caelum* aus, sondern von seinen verschiedenen Teilen, welche die unterschiedlichen Häuser des Horoskopes besetzen.

Siebtens. Da Gott in der Natur als universelle Ursache und manchmal als Einzelursache wirkt, so tun dies auch das *Caelum* und die Planeten. Denn wenn Gott durch seine Teilnahme bei natürlichen Ursachen mitwirkt, wirkt er immer als universelle Ursache, aber wenn er während der Zeit der Pharaonen die Sonne veranlaßte, nicht über Ägypten, sondern im Land Gosen[49] zu scheinen, und Feuer entfachte, um die Hebräer im Ofen von Babylon zu wärmen als es alle anderen die gegenwärtig waren verzehrte, so bewirkte er dies als Einzelursache; denn es könnte keine andere natürliche Ursache außer Gott oder eine ihm untergeordnete, gefunden werden, die dies bewirken könnte. ähnlich ist die Sonne, wenn ein Mensch geboren wird, eine universelle Ursache dieser Geburt; aber ein solarer Charakter, der aus der Stellung der Sonne oder ihrer Herrschaft im ersten Haus hervorgeht, ist eine Einzelursache, welche durch die Sonne bewirkt wird.

Achtens. Da alles, was Gott bewirkt, seinen Regeln untersteht, bleibt alles, was das *Caelum* und die Planeten auslösen, der Kontrolle ihres Einflusses unterworfen, einschließlich der Festlegung der Zeit von Ereignissen. Und diese Harmonie zwischen Gott und den Himmelskörpern ist von allen Dingen das größte Wunder. Daher ist aus allem, was in diesem Buch aufgezeigt wurde, klar, daß die Himmelskörper Gottes Art, auf diese seine Schöpfung einzuwirken, perfekter nachahmen als dies irgendeine andere natürliche Ursache tun könnte. Ihm allein sei alle Ehre und Herrlichkeit. Amen.

ENDE DES BUCHES XXI

---

[49] Im lateinischen Original steht: *terra Gessen*, in allen deutschen Quellen heißt das Land immer Gosen: Das Land Gosen ist ein Begriff aus dem Alten Testament und es wird mehrmals im Zusammenhang mit den Plagen erwähnt, die über Ägypten kamen. Gosen ist ein Landstrich in Ägypten, am Ostufer des Nildeltas, der sehr fruchtbares Weideland hatte. Die ägyptischen Behörden gaben Flüchtlingen aus anderen Ländern und Bittstellern im Landstrich Gosen Weideland. Aus der Bibel kann man entnehmen, daß die Israeliten etwa 215 Jahre in Gosen wohnten. Im Alten Testament wird berichtet, daß das Land Gosen ab der vierten Plage, die über Ägypten kam, verschont wurde (Morin bezieht sich inhaltlich auf diese Geschichte, als Argument dafür, daß Gott auch Ausnahmen machen kann). Die entsprechenden Bibelstellen sind: 1.Mose 45,10; 1.Mose 46, 27.28; 1.Mose 47, 5.6 und 27; 2.Mose 1, 11; 2.Mose 8,22; 2.Mose 9,26. (Der Verlag dankt Claudia von Schierstedt für diesen Hinweis).

Anhang: Vier Horoskope

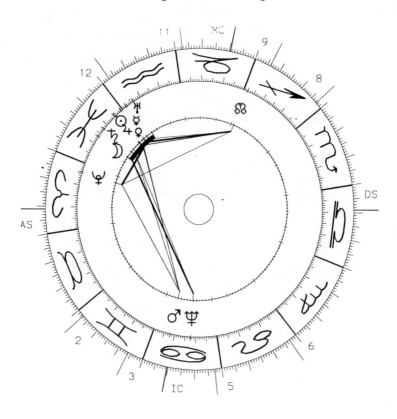

Radix (Regiomont.)   Morinus
23 2 1583, 8h33m   Villefranche, 4E43', 45N59'

☉ ♓ 4°11'	☽ ♓ 16°40'	☿ ♒ 27°58'	♀ ♓ 0°54'	♂ ♋ 8°07'
♃ ♓ 4°41'	♄ ♓ 12°22'	♅ ♒ 23°47'	♆ ♋ 17°52'R	♇ ♈ 4°41'
AS ♍ 21°00'	MC ♉ 9°55'	☊ ♐ 28°22'R		

VISION IV. (c) 87-96 ASTROSOFT Happel. V 4 61 - 1 07 1997

167

Radix (Regiomont.)   Kardinal Richelieu
19 9 1585, 8h42m   Paris, 2E20', 48N52'

☉ ♏ 26°10'	☽ ♋ 28°49'	☿ ♎ 11°52'	♀ ♌ 11°01'	♂ ♏ 8°38'
4 ♊ 11°11'	♄ ♑ 17°12'R	♅ ♓ 2°16'R	♆ ♋ 26°34'	♇ ♍ 8°19'R
AS ♎ 28°00'	MC ♌ 6°12'	☋ ♏ 6°26'R		

VISION IV. (c) 87-96 ASTROSOFT Happel, V 4 61 - 1.07 1997

Radix (Regiomont.)   Gustav II Adolf
19.12.1594, 6h00m   Stockholm, 18E03', 59N20'

☉ ♐ 27°12'	☽ ♓ 20°28'	☿ ♉ 14°51'	♀ ♒ 14°26'	♂ ♏ 25°29'
♃ ♒ 24°09'	♄ ♌ 24°31'R	♅ ♈ 7°01'	♆ ♌ 16°43'R	♇ ♈ 16°19'R
AS ♐ 6°07'	MC ♎ 16°52'	☊ ♉ 10°09'R		

Radix (Regiomont.)   Duke de Montmorency
30.4.1595, 22h00m   Paris, 2E20', 48N52'

☉ ♉ 9°52'	☽ ♒ 5°31'	☿ ♉ 21°14'R	♀ ♓ 24°24'	♂ ♓ 1°17'
♃ ♓ 24°04'	♄ ♌ 17°53'	♅ ♈ 12°34'	♆ ♌ 14°10'	♇ ♍ 18°18'
AS ♐ 11°49'	MC ♎ 8°59'	☊ ♉ 2°00'		

VISION IV, (c) 87-96 ASTROSOFT Happel, V 4 61 - 1.07 1997

170

Geleitwort des Übersetzters

Es war im Jahre 1980, als ich zum ersten Mal mit dem Namen *Morin* konfrontiert wurde. Dies begann damit, daß ich die Werbung für eine astrologische Zeitschrift las. Die Straße, in welcher der Verlag residierte, lag unweit von meiner damaligen Wohnung und so entschloß ich mich, dort persönlich Kontakt aufzunehmen.

Auf diese Weise lernte ich Herrn Fritz Waschwill kennen, den Verleger der Zeitschrift ASTROLOGIE (DAS FACHBLATT FÜR ASTROLOGISCHE FORSCHUNG), der damals bereits über vierzig Jahre lang als Berufsastrologe gearbeitet hatte und sich mit der Herausgabe seiner Zeitschrift einen Lebenswunsch erfüllte. Aus dieser Begegnung, bis zum Tod von Herrn Waschwill 1987, entwickelte sich zwischen uns eine rege Konversation, deren zentrales Thema die Astrologie war. Im Verlauf unserer vielen Fachgespräche hat mich Fritz Waschwill dann sukzessive mit den Basiswerken der klassischen Astrologie bekanntgemacht, wobei er immer die sogenannte Determinationslehre des Morin lobend erwähnte. Er selbst hatte noch in den dreißiger Jahren bei der damals von Dr. Korsch geleiteten „Astrologischen Zentralstelle" in Düsseldorf die Astrologenprüfung abgelegt. Damals hatte er die astrologischen Lehrwerke von Sindbad–Weiß und Erich Carl Kühr studiert, die allesamt auf den Grundlagen der Determinationslehre fußen, die im 21. Buch des berühmten Arztes und Astrologen Jean Baptiste Morin de Villefranche dargelegt ist. Nach dem in vieler Hinsicht leider auch sehr wirrnisreichen Tod meines Freundes und Lehrers blieb mir die ASTROLOGIA GALLICA dann als eine Art Vermächtnis im Sinn. Bei meinem weiteren Studium der Astrologie mußte ich mich in den zurückliegenden Jahren bis heute, immer wieder mit der Morin'schen Lehre auseinandersetzen.

Im Jahr 1992 konnte ich in der Bayerischen Staatsbibliothek in München eine Ausgabe, der 1661 in Den Haag erstmalig erschienenen ASTROLOGIA GALLICA ausfindig machen. Von dort habe ich den lateinischen Originaltext des 21. Buches erhalten, auf dem die vorliegende Übersetzung basiert. Morin hat sich darin große Mühe gegeben, der Nachwelt seine Methode der astrologischen Determinationen und der Häuserherrschaften nahezubringen, wobei als erschwerend zu beachten ist, daß er dies textlich in lateinischer Sprache abfassen mußte. Der Originaltext ist daher recht „kantig" geschrieben, was sich in der Übersetzung ebenfalls niederschlägt.

Der astrologisch geschulte und interessierte Leser muß in die Thematik einsteigen und sich gegebenenfalls der Mühe einer mehrmaligen Lektüre unterziehen, wenn er ein tieferes Verständnis erhalten will. Es sind aus heutiger Sicht einige von Morins astronomischen Hypothesen als falsch zu bezeichnen und auch manche Terminologie und Wortwahl wie z.B. die Einteilung der Planeten in „Wohltäter" und „Übeltäter" usw. ist nicht mehr zeitgemäß. Inhaltlich jedoch tut dies meiner Meinung nach der Sache keinen Schaden an. Wer die Morin'sche Determinationslehre mit kritischer Distanz, eigener kreativer Anschauung und der ehrlichen Hingabe eines suchenden Schülers annimmt, darüber nachdenkt und damit selbst Erfahrungen sammelt – der wird merken, was Morin geleistet und der Nachwelt übergeben hat!

Viele Astrologen arbeiten heute mit der Determinationslehre und den „Häuserherrschaften" ohne sich auf den Meister dieser Erkenntnis zu berufen oder, was ebenso bedauerlich ist, ohne überhaupt zu wissen, wem sie diese Kenntnis letztlich zu danken haben. Deshalb wünsche ich mir, daß diese Übertragung des *Liber Vigesimus Primus*, des 21. Buches der ASTROLOGIA

GALLICA des Jean Baptiste Morin de Villefranche ein paar Freunde innerhalb der „Sterndeuterschaft" findet und vielleicht auch den einen oder anderen Sucher „etwas" finden läßt.

Mein herzlicher Dank gilt an dieser Stelle vor allem meiner Lebensgefährtin Renate Belstler, ohne deren Hilfe ich diese Übersetzungsarbeit gar nicht hätte machen können. Auch Herrn Wolfgang Somary schulde ich Dank für seine wertvollen Informationen. Meinem verstorbenen Freund und Lehrer Fritz Waschwill bin ich zu großem, posthumen Dank verpflichtet, denn ohne seine vormaligen Impulse und Hilfe hätte ich nicht die Kraft und den Willen gehabt, dieses Vorhaben in die Tat umzusetzen.

Frankfurt am Main im Mai 1995   *Erich Thaa*

Klassiker der Astrologie

Claudius Ptolemaeus
Tetrabiblos
Nach der von Philipp Melanchton besorgten seltenen Ausgabe aus dem Jahre 1553.
Ins Deutsche übertragen von M. Erich Winkel
Mit einem Vorwort von Thomas Schäfer
In Samt gebunden, 300 Seiten
ISBN 3-925100-17-2

Ptolemaeus lebte in Alexandrien als Geograph und Astronom, wo er um 178 n.Chr. starb. Mit seinen Tetrabiblos, was soviel bedeutet wie Buch in vier Abteilungen, vermachte Ptolemäus der Mit- und Nachwelt ein zeitloses Dokument der Astrologie. Er stellte die von jedem nachprüfbaren Erfahrungstatsachen unter kausalen Gesichtspunkten neu zusammen und schuf so ein großes Lehrbuch. Zahlreiche der noch heute gültigen Begriffe und Regeln wurden aus der Tetrabiblos abgeleitet. Durch seine klaren Definitionen wurde die Astrologie erstmals systematisiert. Außerdem erfaßte er erstmals alle Strömungen des astrologischen Wissen und formte sie zu einer Synthese. Auf ihn geht die Begründung des Tierkreises ebenso zurück wie die Deutung der Planeten. Die Tetrabiblos waren für 1500 Jahre die "Bibel der Astrologen". Ein Werk von zeitloser Gültigkeit.

Es ist Ptolemaeus in seinen Tetrabiblos gelungen, aus dem Wust der damalige astrologischen Regeln ein einheitliches, menschenbezogenes Deutungskonzept zu schaffen, wie es nach ihm bis in unser Jahrhundert keiner mehr zustande gebracht hat. Im Gegenteil, sie alle, die sich nach ihm als astrologische Autoren profiliert haben, bezogen sich immer mehr oder weniger bewußt auf ihn. Die "vier goldenen Bücher" sollte man also auch als Astrologe am Ende des 20. Jh. kennen!

Astrolog

Klassiker der Astrologie

ABDIAS TREW

Grundriß der verbesserten Astrologie

Übersetzt von Josef Fuchs
Mit einer Einleitung von Reinhardt Stiehle
160 Seiten, kartoniert
ISBN 3-925100-23-7

Abdias Trew (1597 - 1669) war ein sehr radikaler Reformer, er kristisierte jedoch nicht die Astrologie als solche, sondern die zu seiner Zeit übliche Form des Astrologiebetriebs. Die Häuserlehre hinterfragt er kritisch und konzentriert sich stattdessen auf die Kardinalpunkte. Die Einteilung der klassischen Würden lehnt er ganz ab. Dafür schlägt er ein System vor, das auf der Entfernung der Planeten von der Erde basiert, was erst in diesem Jahrhundert als neue Erkenntnis gefeiert wurde. Ferner stellt er eine Methode zur Bestimmung der Empfängnis vor. Sein Interesse betrifft aber auch alltägliche Fragestellungen, so bespricht er Verstand und Charakter, Krankheiten, Beruf und Aufsteig zu Ehren sowie Direktionen und Transite. Die vorliegende Schrift ist jedoch nicht nur von rein historischem Interesse. Trew warf Grundsätze über Bord, die noch heute ein wesentlicher Bestandteil der Astrologie sind. Inwieweit er damit über das Ziel hinausgeschossen hat, läßt sich diskutieren. Aber seine kontroversen Ideen sind noch immer des Nachdenkens wert, denn Trew will in erster Linie konstruktiv wirken. Dieses Buch wird gerade aufgrund seines kritischen Ansatzes auch für den zeitgenössischen Astrologen wertvolle Anregungen erbringen.